Dr. Peter Lovat

Tanz einfach!

Dr. Peter Lovatt

TANZ EINFACH!

Wie Rhythmus und Musik uns gesund, glücklich und stark machen

Aus dem Englischen von Astrid Ogbeiwi

VAK Verlags GmbH
Kirchzarten bei Freiburg

Titel der englischen Originalausgabe:
The Dance Cure

ISBN 978-1-78072-411-9
Published in the UK in 2020 by Short Books
Unit 316, Screen Works, 22 Highbury Grove,
London N5 2ER

Aus Gründen der besseren Lesbarkeit wurden im Text die weibliche und die männliche Form gewählt; alle Angaben beziehen sich selbstverständlich auf Angehörige aller Geschlechter.

Bibliografische Information der Deutschen Nationalbibliothek
Die Deutsche Nationalbibliothek verzeichnet diese Publikation in der Deutschen Nationalbibliografie; detaillierte bibliografische Daten sind im Internet über http://dnb.d-nb.de abrufbar.

VAK Verlags GmbH
Eschbachstraße 5
79199 Kirchzarten
Deutschland
www.vakverlag.de

Übersetzung: Astrid Ogbeiwi
Lektorat: Irene Klasen
Illustrationen: © Helena Sutcliffe
Layout & Satz: Ulrich Schmid
Cover: Guter Punkt, München
Coverabbildung: © 3D Master/iStock/Getty Images Plus;
© nazlisart/iStock/Getty Images Plus
Druck: Friedrich Pustet GmbH & Co. KG, Regensburg
Printed in Germany
ISBN 978-3-86731-249-3

INHALT

Für meine Mutter. Dafür, dass sie mir die Gabe des Tanzens geschenkt hat.

Für meine Frau Lindsey. Dafür, dass sie jeden Tag mit mir tanzt.

EINFÜHRUNG

Wir sind zum Tanzen geboren. Tanzen verändert unser Fühlen und Denken und stärkt unser Selbstwertgefühl. Wir kommunizieren über den Tanz: Weil unsere Bewegungsweise durch unsere Gefühle beeinflusst wird, können wir aus der Art, wie ein Mensch seinen Körper bewegt, auf seinen emotionalen Zustand schließen. Mehr noch, unsere unbewussten Bewegungen werden durch unsere hormonelle und genetische Veranlagung geprägt. Tanzen bringt also Körper, Geist und Hormone zusammen – kein Wunder, dass es eine so wirkungsvolle Tätigkeit ist, durch die wir uns fabelhaft fühlen können.

In diesem Buch nehme ich Sie mit auf ein Abenteuer, bei dem ich unseren Drang und unsere Sehnsucht zu tanzen erforsche. Dies ist eine Geschichte, die älter ist als die Zivilisation, eine Geschichte, die der Sprache vorausging und die noch vor der Entstehung der organisierten Religion die Regeln menschlicher Gesellschaften bestimmte. Eine Geschichte voller Konflikte, Eifersucht und verbotener Liebe.

Als Tanzpsychologe und Tanzlehrer habe ich mit eigenen Augen beobachtet, wie Tanzen das Leben hunderter Menschen verändert hat. Vor einigen Jahren besuchte eine Frau Ende dreißig regelmäßig meine Tanzkurse. Jede Woche kam sie zehn Minuten vor Unterrichtsbeginn, und ich stellte ihr die üblichen Fragen an die „Neuen“: Hat sie schon einmal getanzt? Hat sie irgendwelche Verletzungen? Und allwöchentlich musste sie mich daran erinnern, dass sie nicht neu, sondern in der Vorwoche auch schon dagewesen war. Dann lachten wir beide verlegen. Dies passierte vier Wochen hintereinander – sehr zu meiner Beschämung – bis ich endlich begriff, was los war.

Das Studio, in dem ich unterrichtete, hatte einen Spiegel. In jener vierten Woche nutzte ich diesen Spiegel für einen Teil des Unterrichts. Als ich meinen Blick im Spiegelbild durch den Raum schweifen ließ, fiel mir eine Frau auf, die ich nicht wiedererkannte, die ich zu Beginn der Stunde offenbar übersehen haben musste. Doch als ich mich zu den Teilnehmerinnen und Teilnehmern umdrehte und alle aufhörten zu tanzen, erkannte ich sie: Es war die Frau, die ich immer wieder vergessen hatte. Als sie in die Umkleideräume ging, sah ich ihr nach, und plötzlich wurde mir klar, dass es in der Persönlichkeit dieser Frau eine völlige Diskrepanz gab, wenn sie auf der Bühne stand und wenn nicht. Wenn sie zum Kurs kam, wirkte sie ängstlich, müde, abgespannt und hatte einen unbeholfenen, schweren Gang. Aber wenn sie tanzte, wurde sie lebendig. Ihre Augen strahlten, und sie wirkte größer und entspannter. Sie bewegte sich mit leichtfüßigeren Schritten und fließenden Armen. Wenn sie tanzte, gab sie sich der Freude hin.

Virginia Woolf, eine Frau, die man nicht unbedingt mit wildem, freigeistigem Tanzen in Verbindung bringen würde, beschreibt diese Kraft sehr schön. An einem Winterabend im Bett liegend schreibt die 21-jährige Virginia, wie der Klang der Musik und des Gelächters einer Party auf der anderen Straßenseite sie ans Fenster lockt: „Tanzmusik … weckt einen barbarischen Instinkt – in einer Sekunde vergisst du Jahrhunderte der Zivilisation und gibst dieser seltsamen Leidenschaft nach, die dich wie im Rausch durch den Raum wirbeln lässt. … Es ist, als ob ein reißender Wasserstrom dich mit sich risse."

Ich habe diese transformative Kraft bei Männern und Frauen beobachtet, bei Alt und Jung. Ich habe sie bei Menschen beobachtet, die schon seit vielen Jahren tanzen, und bei Menschen, für die Tanzen eine neue Erfahrung ist. Ich habe sie sogar bei Geschäftsleuten beobachtet, die mir zuvor gesagt haben, dass sie nie tanzen und dies auch gar nicht können. Es hat auch weder etwas damit zu tun, wie gut jemand tanzt, noch mit irgendeinem bestimmten Tanzstil. Ich habe es bei Menschen beobachtet, wenn sie Freestyle in Clubs tanzen, oder wenn sie Ballett oder andere klassische Stile tanzen wie zum Beispiel indischen Tanz. Ich habe es bei modernen Tanzformen wie Jazz- und Stepptanz sowie Contemporary beobachtet, beim Paartanz wie Standard und Latein, und bei Gruppentänzen wie etwa dem Line Dance. All diesen Formen ist gemeinsam, dass sie eine bestimmte Art der Kommunikation zwischen Gehirn und Körper erfordern – und dabei Bewegungen verwenden, die Menschen sowohl mit sich selbst als auch mit anderen in Kontakt bringen.

Wenn Menschen tanzen, strahlen sie eine besondere Form der Schönheit aus. Ich meine nicht Schönheit im physischen Sinne. Die Schönheit, die durch den Tanz sichtbar wird, hat nichts mit der Größe oder Form Ihres Körpers zu tun. Es geht um die Art von Schönheit, die sichtbar wird, wenn Sie glücklich und unbeschwert sind und im Moment leben. Tanzen bringt Menschen ins Hier und Jetzt. Eine meiner Ballettlehrerinnen hat einmal gesagt: „Tanz ist Bewegung, und Bewegung ist Leben“. Tanzen bringt die Lebensessenz eines Menschen zum Vorschein.

In meinem Fall wirkte der Tanz auch in einem ausgesprochen praktischen Sinne transformativ. In Kapitel Eins erkläre ich, wie ich vom Profitänzer ohne eine akademische Qualifikation zum Wissenschaftler wurde, der an der Universität Cambridge forschte – und wie ich durch den Tanz dazu gekommen bin. Es ist sogar größtenteils dem Tanzen zu verdanken, dass ich im relativ späten Alter von 23 Jahren lesen gelernt habe.

Auf den Gebieten der Neurowissenschaften, Kognitionswissenschaften, Biologie, Medizin, Anthropologie und Evolutionstheorie ist enorm viel zum Tanz geforscht worden, und die Beweise sind eindeutig: Sie zeigen, dass der Akt des Tanzens konkrete psychische und physische Veränderungen hervorruft, die in unserem Leben eine wichtige Rolle spielen können.

In diesem Buch beschreibe ich, wie Tanzen sowohl unsere mentalen Verarbeitungsprozesse – das heißt, was und wie wir denken – als auch unsere Gefühle beeinflusst. Tanzen kann Ängste lindern, zum Teil indem es uns dazu bringt, uns auf uns selbst zu konzentrieren und im Moment zu leben. Auf der körperlichen Ebene befähigt es uns, Anspannung und Entspannung in wichtigen Bereichen unseres Körpers zu kontrollieren, sodass wir uns mit unterschiedlicher Absicht bewegen, wenn wir zum Beispiel von A nach B gehen, oder wenn wir laufen, um Sport zu treiben. Ich erkläre, inwiefern unser psychischer und physischer Zustand eng miteinander zusammenhängen und wie Veränderungen beim einen zu Veränderungen beim anderen führen.

Nach der Erläuterung des wissenschaftlichen Hintergrunds zeige ich Ihnen eine große Bandbreite praktischer Möglichkeiten, wie Sie mithilfe des Tanzens Ihr Leben verbessern können. Auf der Grundlage von Forschungsergebnissen habe ich eine einzigartige Reihe von Kombinationen und Tanzfiguren entwickelt, die maßgeschneidert Wirkungen und emotionale Veränderungen erzielen. Wie wir unseren Körper bewegen, beeinflusst uns auf vielen verschiedenen Ebenen. Manche Bewegungskombinationen können uns beruhigen und die Stimmung verbessern, andere geben uns Energie und fördern die Konzentration, wieder andere unterstützen unser kreatives Denken und beschleunigen unsere Problemlösungsfähigkeit und schließlich können manche uns widerstandsfähiger und selbstbewusster machen. Mehr noch, diese Veränderungen sind auch für die Menschen in unserer Umgebung wahrnehmbar.

Der Tanz ist eine der stärksten Kommunikationsformen, die wir haben. Er hat mein Leben verändert. Und er kann auch Ihr Leben verändern.

KAPITEL 1

MEINE GESCHICHTE

Wenn ich tanze, fühle ich mich in vielerlei Hinsicht anders: Ich nehme meine Gefühle deutlicher wahr, es fällt mir leichter, mit Menschen in Beziehung zu treten, mein Kopf ist weniger voll und, vielleicht am wichtigsten von allem, ich bin mehr „bei mir". Wenn ich mich bewege, auf die Musik höre, den Groove spüre, springe, mich drehe, hüpfe und in die Vorbereitung zu einer doppelten Pirouette gehe, empfinde ich ein Gefühl der Vollständigkeit. Die Welt sieht anders aus, klingt anders und fühlt sich anders an. Meine Lungen und mein Herz füllen sich mit einem weitenden Atemzug, und ich schwebe, fliege und fühle mich völlig frei.

Außerdem kann ich in Bewegung am besten denken. Stillsitzen ist mir noch nie leichtgefallen. Ich zappele, zucke und lasse mich von Klängen, Lichtern, Gerüchen und dem Gefühl von Kleidern an meinem Körper ablenken. Wenn mein Körper stillsteht, rast mein Verstand von einem Gedanken zum anderen und schweift in alle Richtungen ab. Bewegung verleiht meinen Gedanken Ordnung und Gestalt – und interessanterweise scheinen verschiedene Tanzarten meine Gedanken unterschiedlich zu ordnen.

Als Mensch, der nicht gerne sitzt, konnte ich die Schule nicht ausstehen. Ich habe die Schule auch aus anderen Gründen gehasst: Mir fiel der Unterricht schwer – ich hatte wirklich Mühe, die Grundlagen des Lesens und Schreibens zu erlernen; und ich passte nicht ins System. Davon abgesehen hatte ich das große Glück, dass es in meiner weiterführenden Schule eine Tanzgruppe gab. Sie hieß *Colour Supplement* (eigentlich farbige Magazinbeilage einer Zeitung, Anm. d. Ü.), weil alle Tänzerinnen und Tänzer verschiedenfarbige Ganzkörperanzüge aus Lycra tragen mussten. Meiner war kastanienbraun. Vielleicht war dies der Grund, warum nur sehr wenige Jungen bei *Colour Supplement* mitgemacht haben – meistens war ich der einzige. Während alle anderen Jungs in meiner Jahrgangsstufe sich zum Fußball umzogen, zwängte ich mich in Lycra-Schläuche und zog Jazztanz-Schuhe an.

Was für mich völlig selbstverständlich war, fanden andere krass unnatürlich. Ende der 1970er scheuten sich die Leute auch nicht, offen auszusprechen, was sie von dir hielten. Meine Klassenkameraden bildeten da keine Ausnahme. Sie nannten mich *queer*, warmer Bruder, schwul, Schwuchtel, Tunte und alles, was damals im negativen Sinne mit Homosexualität verbunden war. Mir wurden Sätze nachgerufen und an die Tafel geschrieben wie „Hey, Schwuchtel, wo ist dein Tutu?". Die unvorstellbaren Beleidigungen begannen mit dem Einsetzen der Pubertät und hörten erst auf, als ich einem besonders gemeinen Fiesling namens Ian eiskalt entgegentrat. Er sorgte mit besonderem Ehrgeiz dafür, dass ich immer der erste war, den man öffentlich beleidigte.

Als eines Tages ein Paar Ballettschuhe in meiner Schultasche entdeckt wurden, holte Ian zur ultimativen Demütigung aus. Er ließ mir ausrichten, dass er sich mit mir an der Stirnseite des Schulsportplatzes treffen wollte. Dies konnte nur eins bedeuten: Hier kämpften Jungs um

Mädchen, Ehre, sozialen Rang und nun, zum ersten Mal an meiner Schule, um Ballettschuhe. Ich konnte nicht ablehnen. Ich schritt den Sportplatz der Länge nach ab und zog eine ganze Schar Schaulustiger hinter mir her. Das sah aus wie in *West Side Story*. Alle lachten nervös, weil sie schon damit rechneten, dass der Lycraboy gleich ordentlich was abbekäme. Ian machte den ersten Move. Er rannte auf mich zu und sprang mich an. Aber weil ich es gewohnt war, dass Mädchen auf meiner Schulter saßen, konnte ich sein Gewicht halten und ihn schließlich sogar abwerfen. Weil ich es aber nicht gewohnt war, Leute auf den Boden fallen zu lassen, versuchte ich instinktiv, ihn im Fallen zu packen, und er landete in einem provisorischen Schwitzkasten, sodass sein Kopf unter meinem Arm hervorschaute. Ich hatte noch nie jemandem einen Faustschlag verpasst, ja, ich hatte überhaupt noch nie jemanden schlagen *wollen*, aber diese Gelegenheit war einfach viel zu gut, um sie verstreichen zu lassen. Ich schaffte es, ihm für jedes Jahr, in dem er mir das Leben zur Hölle gemacht hatte, einen Hieb zu verpassen. Vier kräftige Schläge landeten mit sattem Bums mitten auf seiner Nase. Wir gingen auseinander und starrten uns schweigend an. Als ein Tröpfchen Blut aus seiner Nase nach ein paar Minuten zu einem Sturzbach anschwoll, drehte er sich um und ging. Es war mucksmäuschenstill, bis ihm ein Junge aus dem Publikum nachrief: „Wer ist jetzt die Schwuchtel, Ian?“, und alle lachten. In der Schule war dies für mich ein Wendepunkt – jetzt konnte ich nicht nur unbehelligt alle möglichen Tanzschuhe mitbringen, es zeigte mir auch, wie sehr das Tanzen mich körperlich gestärkt hatte. Die Liegestütze, Körperübungen und die Partnerarbeit hatten mich muskulös gemacht. Ian und seine Gang haben mich nie wieder belästigt.

Rückblickend bin ich froh, dass ich dem Druck, mit dem Tanzen aufzuhören, nicht nachgegeben habe. Es wäre sicher einfacher gewesen, Ballettschuhe gegen Fußballstiefel einzutauschen, aber ich kann mir nicht vorstellen, wie leer mein Leben dann gewesen wäre. Es macht mich traurig, wie viele Jungs kurz nach dem Einsetzen der Pubertät aufhören zu tanzen. Gesellschaftlicher Druck ist ein wichtiger Teil des Problems, aber es sind nicht nur die unbedachten Beleidigungen, die Jungen und Männer vom Tanzen abhalten. Gesellschaftlicher Druck kann von Gleichaltrigen, Freunden und Familie, aber auch aus der Tanzwelt selbst kommen. Wenn du ein Mann bist, kann sie wenig einladend sein. Tanzläden sind oft rosa, feminin und auf Kinder ausgerichtet, und viele haben gleichzeitig eine Kostümabteilung. Tanzunterricht wird oft von Frauen erteilt, die Kurse sind voller Mädchen, was für Jungen und Männer einschüchternd sein kann.

Der andere wichtige Grund, warum ich die Schule gehasst habe, war das Lesen und Schreiben. Es wurde ständig gefordert, und ich konnte es einfach nicht. Ich bin in den 1970er Jahren aufgewachsen, als Legasthenie noch nicht in so breitem Maße anerkannt war wie heute. Ich war ein langsamer Leser, wurde als „zurückgeblieben“ abgestempelt und galt allgemein als „ein bisschen doof“.

In der Schule konnte ich die Wörter „Hund“ und Katze“ lesen und den Satz „The cat sat on the mat“ verstehen. (dt. „Die Katze saß auf der Matratze“) Aber es gab viele Wörter, die ich nicht laut aussprechen konnte, und andere, bei denen ich einfach keine Ahnung hatte, wie man sie schreibt, zum Beispiel „Rhythmus“. Auch heute noch fällt es mir schwer, bei ähnlich klingenden Lauten die richtige Schreibweise zu finden. Stellen Sie sich vor, Sie würden folgenden Satz hören und müssten ihn aufschreiben: „I didn't choose to lose my shoes“ (dt. „Ich habe meine Schuhe nicht mit Absicht verloren“. Die Vokale werden hier im Englischen alle wie ein langes u im Deutschen ausgesprochen, sodass man die unterschiedliche Schreibweise nicht hören kann. Anm. d. Ü.). Ich höre, dass die drei Schlüsselwörter „Choose“, „lose“ und „shoes“ gleich klingen. Deshalb erwarte ich, dass sie auch gleich geschrieben werden, zugleich bricht mir aber der kalte Schweiß aus, weil ich irgendwo tief im Innersten weiß, dass dem nicht so ist. In rasender Eile wägt mein Hirn die Möglichkeiten ab und versucht, die Unklarheit zu lösen, aber der Sinn des Satzes ist mir bis dahin längst flöten gegangen.

Meine Anstrengungen, die vertrackten Regeln des Lesens und Schreibens zu erlernen, hatten einen Dominoeffekt auf fast alle anderen Schulfächer. Schließlich beruht die Bildung, die wir in der Schule erhalten, auf einem Lernsystem, das auf umfangreichem Lesen aufbaut. Wenn wir zum Beispiel Geschichte lernten, mussten wir in Lehrbüchern nachlesen, und um zu zeigen, wie viel wir über die industrielle Revolution wussten, mussten wir alles aufschreiben. Ich fürchtete mich immer vor dem Moment im Unterricht, wenn der Lehrer sagte: „Schlagt die Bücher auf Seite 230 auf und lest bis zum Ende des Kapitels.“ Niemals würde ich bis zum Ende des Kapitels kommen. Ich wusste, dass es erst gar keinen Sinn hatte, es auch nur zu versuchen, also träumte ich mich in meine eigene Welt, sah aus dem Fenster, zappelte herum, schaute mich um und fing mir unweigerlich einen Verweis ein, weil ich die anderen ablenkte.

Meine mangelnde Mitarbeit im Unterricht wurde mir als Ungehorsam ausgelegt, und die Gruppe der Unruhestifter, mit denen ich mich schließlich anfreundete, war auch nicht gerade eine Hilfe. Es waren Schülerinnen und Schüler, die sich mit dem Lesen ebenfalls schwertaten. Da sie den Unterricht langweilig fanden, suchten sie wie ich ihre Anregungen anderswo. Je ausgeklügelter unsere rebellischen Akte wurden, desto härter wurden auch unsere Strafen. Sie reichten von Nachsitzen über Stockschläge (jedes Mal drei Schläge) bis schließlich zum zeitweisen Schulausschluss. Einige von uns erhielten einen Schulausschluss, weil sie das Auto eines Lehrers umgeparkt und ihm Apfelkerngehäuse in den Auspuff gesteckt hatten – dieser Schultag hat mir gut gefallen! Ein paar dieser Freunde gerieten schließlich in Konflikt mit dem Gesetz, und einige wanderten sogar eine Zeitlang in Polizeigewahrsam und ins Gefängnis. Ich hatte Glück; das Tanzen hat mich gerettet.

Aber natürlich habe ich die Schule ohne schriftlichen Abschluss verlassen. In Geschichte oder Geografie musste ich zwar keine Prüfung ablegen, wohl aber in Englisch, worin ich wiederholt mit Pauken und Trompeten durchfiel. Als Sechzehnjähriger hätte ich mir nie träumen lassen, dass ich eines Tages in einen berühmten Verlag in Bloomsbury hineinspazieren und über ein Buch sprechen würde, das ich geschrieben hatte. Mit sechzehn war ich funktionaler Analphabet. Ich hatte noch nie ein Buch gelesen, und es war mir nahezu unmöglich, komplexe Muster schriftlicher Wörter zu verstehen.

Nach der Schule studierte ich am örtlichen College zwei Jahre lang Theater und kreative Künste. Das habe ich geliebt. Danach studierte ich weitere drei Jahre Tanz und Musiktheater an der GSA, der renommierten Guildford School of Acting, die damals berühmt dafür war, dass in wirklich jedem West-End-Musical ein Absolvent oder eine Absolventin der Schule mitwirkte. Diese fünf Ausbildungsjahre waren fabelhaft. Jeder Tag war von morgens bis abends ausgefüllt mit Unterricht in Tanzen (Ballett, Stepp, Jazz, Ausdruck, Pas de deux, Volkstanz, Contemporary), Stimmbildung, Gesang und Schauspiel, verbunden mit der Chance, jedes Jahr in mehreren Tanz- oder Musiktheater-Shows aufzutreten.

In meinem zweiten Jahr an der GSA gab es nur ein Fach, mit dem ich Probleme hatte, die sogenannte „Präsentation". Jede Woche erhielten wir ein musikalisches Thema oder den Namen eines berühmten Musical-Librettisten. Dann mussten wir ein Lied mit diesem Thema oder von diesem Librettisten lernen, es choreographieren, inszenieren, Requisiten und Kostüme zusammenstellen, und das Ganze dann in der darauffolgenden Woche vor den Leiterinnen und Leitern von Tanz, Musik, Gesang und Schauspiel aufführen. Es war grauenerregend. Das performative Element dieser Übung liebte ich, die Kritik danach allerdings weniger. Die Lehrerinnen und Lehrer nahmen kein Blatt vor den Mund; sie waren brutal, rechthaberisch und schonungslos. Getrieben von dem Wunsch, die absolut besten Musicaldarsteller aus uns zu machen, und ohne Zeit auf Höflichkeiten zu verschwenden, sagten sie uns nur selten, was wir richtiggemacht hatten, sondern konzentrierten sich stattdessen darauf, uns haarklein auseinanderzusetzen, was geändert und verbessert werden musste. Je besser du warst, desto konkreter und detaillierter die Hinweise. Wenn Sie mit einer Flut von „Korrekturen“ konfrontiert werden, ist es manchmal schwer, im Kern den Glauben an die eigenen Fähigkeiten zu bewahren, aber genau dies mussten wir!

Ich hatte das große Glück, etliche Jahre als Profitänzer zu arbeiten. Mein erstes Engagement außerhalb der GSA war bei einem Varieté, das durch ganz England und Schottland tourte und in einigen der größten Landestheater spielte, darunter dem Nottingham Theatre Royal, dem Birmingham Hippodrome und dem Sunderland Empire. Auf dieser Tour habe ich sehr viel über Auftritte vor Live-Publikum gelernt – darüber, die Energiewelle zu reiten, die einem 1500 Zuschauerinnen und Zuschauer entgegenbringen; und auch darüber, dieselbe Leistung vor nur achtzehn Leuten zu bringen, die an einem sonnigen Mittwochnachmittag in den hintersten Reihen eines ansonsten leeren Saals sitzen.

Es war wesentlich leichter, vor den 1500 zu spielen, insbesondere wenn es zu den Zugaben kam. Unsere Varieté-Vorstellung hatte eine Liveband, einen großen Chor und drei Gesangssolistinnen und -solisten. Aber bei solchen Tourneevorstellungen war es üblich, einen Soundtrack oder wenigstens einen Clicktrack zu haben, der während der gesamten Vorstellung, bis zur letzten Zugabe, im Hintergrund mitlief, um der Musik einen volleren, orchestralen Klang zu verleihen. Unsere Stimmen waren ebenfalls auf dem Soundtrack, damit wir im gesamten Saal auch dann noch deutlich zu hören waren, wenn wir gegen Ende einer langen Tanz- und Gesangsnummer völlig außer Atem waren. Dies hieß allerdings, sobald der Soundtrack einmal begonnen hatte, musste die gesamte Vorstellung komplett gespielt werden, einschließlich der sechs Zugaben. Das funktionierte gut, wenn wir vor großen, ausverkauften Häusern spielten. Aber als wir vor praktisch leerem Haus im Lakeside Country Club auftraten, wo lediglich meine alte Vermieterin aus Guildford sowie ihr leicht irritierter Mann und ihre Tochter im Publikum saßen, fiel es doch ein wenig schwer, auch zu Beginn von Zugabe Nummer sechs noch dankbar zu lächeln. Hätten sie mich nicht gekannt und wären nicht nur deshalb gekommen, um mich zu unterstützen, wären sie bestimmt in der Pause gegangen, und wir wären an diesem Abend alle früh im Bett gewesen.

Später hatte ich unter anderem ein Tanz-Engagement an Bord des Kreuzfahrtschiffes MV *Oceanos*. Ich war einer von vier Tänzerinnen und Tänzern mit einem Halbjahresvertrag und tanzte bei über einem Dutzend jeweils zweiwöchiger Karibik-Kreuzfahrten an sieben Abenden pro Woche in verschiedenen Shows.

Ursprünglich hatte mir ein erfolgreicher Musical-Choreograph einen *Equity*-Vertrag für eine Weihnachtsrevue im Liverpool Empire in Aussicht gestellt. Als dieser Vertrag platzte, bot mir das Büro des Choreographen den Job auf dem Kreuzfahrtschiff an. Ich war total begeistert und ging davon aus, dass der Vertrag in Ordnung wäre. Dabei hätte ich mich besser an den Spruch „Wenn du von etwas ausgehst, kann es für dich nicht gut ausgehen" halten sollen. Für mich ist diese Geschichte definitiv nicht besonders gut ausgegangen.

Nach ein paar Monaten bekam ich Wind davon, dass meine Gage nicht auf mein Bankkonto überwiesen wurde, wovon ich selbstverständlich ausgegangen war. Als ich aber fragte, ob ich das Schiff verlassen könne, hieß es, dies sei keine Option. Wenn ich vertragsbrüchig würde, müsste ich nicht nur meinen Rückflug nach Großbritannien, sondern auch den Flug eines Ersatztänzers in die Karibik sowie seine zweiwöchige Probenphase bezahlen, was ich mir natürlich nicht leisten konnte. Damals glaubte ich, mir bliebe nur noch der Ausweg, mich so miserabel zu benehmen, dass man mich vom Schiff werfen würde. Das geschah dann auch postwendend, und damit waren eine weitere Tänzerin und ich fast fünftausend Kilometer von zu Hause gestrandet. Zum Glück kamen mir meine Eltern zu Hilfe. Sie hatten zwar selbst nicht viel Geld, schickten mir aber so viel wie möglich, sodass ich nach Hause fliegen konnte.

Wieder in London angekommen, wurde mir geraten, die Gesellschaft zu verklagen, damit ich das ausstehende Geld bekäme. Als ich dem Choreographen schrieb und um mein Geld bat, antwortete er, er schulde mir gar nichts und beendete seinen Brief mit „P.S.: Die korrekte Schreibweise ist ‚Karibik'." Alle sinnlosen Gefühle aus der Schulzeit brachen wieder über mich herein. Anscheinend war der Brief, den ich geschrieben hatte, voller Rechtschreibfehler und unverständlicher Grammatik gewesen. Ich begriff nicht, wie jemand, der mir so offensichtlich Geld schuldete, so herablassend sein konnte, seinen Brief mit einer Korrektur meiner Rechtschreibung zu beenden.

Wie sich herausstellte, stammte der Vertrag, den ich unterschrieben hatte, gar nicht von *Equity*, weshalb *Equity* mir auch nicht helfen konnte. (*Equity* ist die Gewerkschaft der darstellenden Künstlerinnen und Künstler; unter anderem schützt sie darstellende Künstler vor schlechter Behandlung durch Arbeitgeber.) Ich wurde von Pontius zu Pilatus geschickt, und es war unklar, bei welchem Gericht ich Klage einreichen sollte. Schließlich gab ich das Geld auf, aber durch diese Erfahrung erkannte ich, dass sich in meinem Leben etwas ändern musste. Ich mochte das Gefühl nicht, dass ich so leicht über den Tisch gezogen werden konnte, und mir wurde klar, dass meine Leseschwierigkeiten Teil des Problems waren.

Den Sommer über arbeitete ich, um meine ausstehende Miete bezahlen zu können und finanziell wieder ins Gleichgewicht zu kommen. In dieser Zeit lernte ich eine Gruppe sehr gebildeter Menschen kennen, die an angesehenen Universitäten studierten. Die Gruppe bestand aus jungen Frauen und Männern, die sehr wortgewandt, belesen, welterfahren und vor allem äußerst selbstbewusst waren. Sie vermittelten den Eindruck, dass sie alles erreichen konnten, was sie sich vornahmen. Und sie hatten eine tiefgreifende Auswirkung auf mein Leben.

Frank war das Alphamännchen der Gruppe. Er war Schulsprecher an einer berühmten staatlichen Schule gewesen, und als ich ihn kennenlernte, studierte er Literatur an der Universität Oxford. Seine Eltern waren für meine Verhältnisse unfassbar wohlhabend, und sein Leben war das genaue Gegenteil von meinem. Auch wenn Frank sich in der

Welt, in der Politik und in der Kunst auskannte und einen ganzen Tornister voller Qualifikationen hatte, genoss ich seine Gesellschaft und fühlte mich bei ihm wohl. Ich hatte meine Erfolge im Tanz und in der darstellenden Kunst, und er hatte seine infolge einer klassischen Bildung. Wir hatten beide unsere unterschiedlichen Begabungen – bis Frank in meine Welt übergriff. Als er wieder in Oxford war, stellte er eine Aufführung von *Abigail's Party* von Mike Leigh auf die Beine und lud mich zur Vorstellung in sein College ein. Ich ging hin in der Erwartung, dass sie nichts taugen würde. Das tat sie aber natürlich doch. Er hatte seine Sache wirklich gut gemacht. Am darauffolgenden Tag verließ ich Oxford stinksauer, fühlte mich hintergangen und gedemütigt. Ich hatte immer das Gefühl gehabt, dass ich zwar das Gegenteil von Frank, aber dennoch auf einer Ebene mit ihm war. Sein Regieerfolg warf dies nun über den Haufen.

Dieser Gedanke verfolgte mich wochenlang und schwirrte in meinem Kopf herum. Es kam mir so vor, als bestünde der einzige echte Unterschied zwischen Franks gelehrten Freunden und mir darin, dass sie ihr Leben mit dem Studium von Büchern und Wörtern verbrachten und ich nicht; ich konnte es nicht. Ich fühlte, dass ich tolle Gespräche über Themen verpasste, in denen ich mich nur deshalb nicht auskannte, weil ich nicht las. Ich hatte zwei Möglichkeiten: Ich konnte entweder der Mensch bleiben, der bei Worten versagt, oder ich konnte lernen, meine Schwächen zu überwinden.

Mit der Lektüre von *Das Kreuz und die Messerhelden* von David Wilkerson wärmte ich mich für einen Lese-Marathon auf. Dieses Buch suchte ich mir aus, weil eines der Mädchen in der Gruppe es in wenigen Tagen durchgelesen hatte. Ich beschloss, das Lesen so anzugehen, als würde ich einen neuen Tanz lernen. Ich wusste, ich würde nicht jeden Satz, ja, noch nicht einmal jedes Wort verstehen, aber ich dachte mir, wenn ich in der Geschichte einen Rhythmus oder eine Reihe verschiedener Rhythmen finden könnte, könnte ich mir das Lesen einteilen und einfach „einen Achter-Takt nach dem anderen" lernen. Als Tänzer wusste ich außerdem, dass Perfektion von unermüdlichem Üben kommt und sich der Erfolg in kleinen Schritten einstellt. Tanzen ist vielschichtig, und es ist möglich, einen neuen Tanz Schicht für Schicht zu erlernen. Bei dieser Methode würde uns ein Tanzlehrer oder eine Choreographin zunächst ein Gefühl für das Stück vermitteln, indem sie uns den Kontext vorgeben: Vielleicht tanzen wir eine Szene aus *Romeo und Julia* und sollen ein verbotenes Begehren darstellen. Dann lernen wir die Grundstruktur kennen: dass es ein *Pas de deux* sein soll, ein Tanz für zwei Personen. Anschließend schauen wir uns die Art der Bewegungen an: die Hebungen und Figuren, und wie viel Platz wir im Studio brauchen. Wir sprechen darüber, für wen das Stück gedacht ist und welche Erwartungen das Publikum haben könnte; wir hören uns die Musik an und denken über die Stimmung des Stückes nach. Erst dann erstellen oder erlernen wir eine Choreographie, den eigentlichen Bewegungsablauf – aber wir fangen klein an, indem wir zunächst die Bewegung der Füße lernen, bevor wir die Arme hinzunehmen. All dies ist damit gemeint, wenn wir bei einem Tanz „einen Achter-Takt nach dem anderen" lernen.

Also fing ich an zu lesen. Immer wenn es ein Wort gab, das ich nicht aussprechen konnte, erfand ich einfach einen Laut dafür. Kein Mensch stieg mir aufs Dach, wenn ich das englische Wort „yacht“ (gesprochen jaat oder auch joot, Anm. d. Ü.) anders aussprach als mit langem O. Am nächsten kam ich der eigentlichen Aussprache noch, wenn ich dem Wort „act“ (engl. u. a. Theater spielen) einen Y-Laut voranstellte, sodass ein „Jäkt“ herauskam. Die Logik, nach der bestimmte Laute miteinander verbunden werden, erschließt sich mir bis heute nicht. Ich fand, wenn die Anordnung von Buchstaben in Worten willkürlich sein konnte, dann konnte auch der Laut in meinem Kopf willkürlich sein. Immer wenn ein langer Satz mit mehreren Nebensätzen auftauchte, zerlegte ich ihn einfach in Einzelteile, wie ich dies bei einer Tanznummer auch tun würde. Und statt mich in Mehrfachbedeutungen von Wörtern zu verlieren, entschied ich mich für eine einzige und versuchte, die anderen zu ignorieren, solange meine Interpretation nicht offenkundig danebenlag. All dies nahm sehr viel Zeit in Anspruch.

Viele Jahre später, als ich bereits als Tanzpsychologe arbeitete, machte ich ein Experiment, um herauszufinden, wie Nichttänzer den *Contemporary Dance* verarbeiten. Dabei fiel mir auf, dass zwischen ihren Schwierigkeiten, in dem Tanz irgendwie einen Sinn zu erkennen, und meinen Schwierigkeiten, Wortfolgen zu verarbeiten, eine Ähnlichkeit bestand. Das Experiment fand nach der „Sprechdenken“-Methode statt. Dabei werden die teilnehmenden Personen gebeten, während sie eine Aufgabe erfüllen – in diesem Fall also ein Tanzstück ansehen –, alles auszusprechen, was ihnen in den Sinn kommt. Die Leute redeten, und während sie sprachen, zeichnete ich diesen Bewusstseinsstrom auf. Ich stellte fest, dass einige Personen einfach beschrieben, was sie sahen, so als beobachteten sie eine Reihe sinnloser Figuren. Andere sprachen über die Unterschiede zwischen ihren eigenen Fähigkeiten und denen der Tänzerinnen und Tänzer. Wieder andere versuchten, dem, was sie sahen, einen Sinn zu geben, indem sie ein Narrativ erfanden. Wenn aber die Bewegungen nicht zu diesem Narrativ passten, änderten sie die Geschichte. Wenn die Teilnehmenden verschiedene potenzielle Narrative ausprobiert hatten, die alle nicht funktionierten, gaben sie manchmal auf und sagten, sie hätten keine Ahnung, worum es in dem Stück ginge. Klar war, dass es „die eine" oder gar „die richtige" Lesart für den Tanz nicht gab, und dass Menschen, die nicht tanzen, ebenso große Schwierigkeiten haben, Bewegungsfolgen zu verstehen, wie Menschen, die schlecht lesen können, mit dem Verständnis von Wortfolgen.

Ab dem Spätherbst, zu Beginn der Weihnachtsrevue-Saison war mir klar, dass sich etwas änderte. Dass ich angefangen hatte zu lesen, hatte mir mehr Selbstvertrauen gegeben und meine Sicht der Welt verändert. Tanzen war für mich immer etwas ganz Selbstverständliches gewesen. Ich dachte, es sei leicht. Jemand zeigte mir eine Abfolge von Tanzbewegungen, und ich merkte sie mir. Mein Körper verfügte anscheinend über ein Gedächtnis für Bewegungsmuster, und ich konnte fließend von einer Figur zur nächsten übergehen. Jetzt sah ich das Tanzen anders. Mir wurde bewusst, dass Tänzerinnen und Tänzer etwas Außergewöhnliches leisten: Bewegungsmuster auswendig zu lernen und sich lange Bewegungsfolgen zu merken, ist keine Kleinigkeit. Außerdem wurde mir klar, dass die geistigen Anforderungen beim Tanzen viel höher sind als bei anderen darstellenden Künsten.

Tänzerinnen und Tänzer müssen Tausende feinster Veränderungen der Körperposition lernen, und zwar einfach, indem sie zuschauen, wie jemand diese Bewegungen vormacht. Sie schreiben diese Bewegungen nicht auf, und sie erhalten auch kein Buch, in dem die Bewegungen aller Tanzenden aufgeschrieben sind. Stellen Sie sich vor, Schauspieler oder Sängerinnen müssten ihre Rolle so lernen! Wenn Tänzerinnen und Tänzer nach den Proben nach Hause gehen, müssen sie üben, aber sie haben nichts, was sie an die Tanzbewegungen erinnert, außer der Musik und ihrem fantastischen Gedächtnis.

Sobald mir bewusstwurde, dass ich imstande war, im Laufe meines Lebens als professioneller Tänzer tausende Stunden komplizierter Bewegungsmuster zu erlernen und zu verstehen, wurde mir auch klar, dass ich diese Fähigkeit auch auf das Erlernen von Informationen, die in schriftlicher Form vorliegen, übertragen können müsste. So würde ich mehr über Zeitgeschehen, Literatur und Wissenschaft erfahren. Ich brauchte einfach nur einen Einstieg, und dieser Einstieg war der Tanz. Als die Weihnachtsrevue-Saison Ende Januar zu Ende ging, ließ ich mein Leben in London hinter mir und schlug neue Wege ein. An Qualifikationen hatte ich nichts außer einem Schulabbrecherzeugnis mit guten Noten in Schauspiel und einem Diplom der Guildford School of Acting. Wenn wir eine lebensverändernde Entscheidung treffen wollen, müssen wir manchmal unsere Alltagsgewohnheiten verändern und in eine neue Umgebung ziehen. Ich kaufte ein Flugticket nach Kanada und nahm den Zug von Montreal nach Vancouver. Auf der ganzen, fast fünftausend Kilometer langen Strecke las ich Lyrik. Die schaukelnden Bewegungen des Zuges stellten eine körperliche Verbindung zu den Worten auf der Buchseite her. Rhythmus und Rumpeln wurden zu einem Soundtrack, der Worte in Liedtexte verwandelte. Mich selbst lesen zu hören, war wie selbstgemachter Rap, und dies trieb mich zur Bewegung, sodass Wörter süchtig machten. Auch heute noch kann ich kaum stillsitzen, wenn ich „O Käpt'n! Mein Käpt'n!" von Walt Whitman lese. Das Gedicht verlangt Bewegung, und manchmal sogar ein doppeltes Händeklatschen am Ende der zweiten Zeile: „O Käpt'n! Mein Käpt'n! zu Ende unsre schlimme Reise, Die Wolkendünste abgewettert, hielten siegreich wir die Preise"[1] [Klatsch-Klatsch]

Vorbei an Herden nickender Esel und quer durch die Rocky Mountains lernte ich, dass Information eine andere Beschaffenheit erhält, sobald wir uns dazu bewegen. Es ist wie beim Gehen auf Sand, Stein oder Gras. Wenn wir den Boden unter unseren Füßen spüren, anstatt bloß seine Oberfläche zu betrachten, entdecken wir neue Eigenschaften in ihm – und ich finde, bei Wörtern ist es genauso. Wenn sie still auf der Buchseite herumliegen, wirken sie ziemlich nichtssagend, aber wenn ich mich zu ihnen bewege, verändert sich unsere Beziehung. Ich fühle sie aus anderer Perspektive, und während einige mir genauso viel Freude machen, wie wenn ich auf einem frisch gemähten Rasen liege, fordern andere mich dazu heraus, mein Gleichgewicht zu halten, als ginge ich über einen Felsenstrand. Diese Zugfahrt hat mir beigebracht, mit Wörtern zu tanzen.

Einige Monate später kaufte ich mir *Anna Karenina* von Tolstoi (in englischer Übersetzung, versteht sich). Beim Lesen verliebte ich mich zum ersten Mal in eine Figur, die ich nur durch das geschriebene Wort kennengelernt hatte. Ich verliebte mich in Kitty. Ich konnte gar nicht mehr aufhören, von ihr zu lesen. Als das Buch zu Ende war, machte ich mir Sorgen um sie. Voller Vorfreude hatte ich stets gehofft, dass sie auf der nächsten Seite auftauchen würde; ich war eifersüchtig auf ihren Mann Levin gewesen – und ich spürte die schmerzliche Aussichtslosigkeit einer unerwiderten Liebe. Ich konnte absolut gar nichts tun, um Kitty auf mich aufmerksam zu machen. Ich beendete das Buch mit gebrochenem Herzen, als ein anderer Mensch. Ich las *Auferstehung* und ging dann zu Turgenew und Dostojewski über. Meine Ausgabe von *The Great Short Works of Fyodor Dostoevsky* habe ich heute, über dreißig Jahre danach, immer noch. Als Vorbesitzerin ist eine Harvard-Studentin namens Kelly eingetragen. Dieser schlichte Eintrag wurde mir zu einem weiteren Wegweiser und bestärkte mich in dem Glauben, dass diese Bücher mich noch in die heiligen Hallen von Oxbridge führen würden, wo ich mir eines Tages mein Cordjackett mit den Ellenbogenflicken verdienen würde. Ich war wie ein Ozeanriese: Wenn ich erst einmal angefangen hatte, fuhr ich einfach immer weiter, langsam aber stetig von einem großartigen Buch zum nächsten.

In der realen Welt war es schwieriger, an die Universität zu kommen, als ich gedacht hatte. Ich beschloss, Psychologie zu studieren. Ich dachte, ich könnte dies mit Theater und Tanz kombinieren und vielleicht eine Ausbildung zum Theater- und Dramatherapeuten oder zum Tanztherapeuten machen und die kreativen Künste nutzen, um den Menschen zu helfen. Ich kaufte und las Bücher von Freud und Jung und las Fallstudien wie zum Beispiel *Dibs: Ein kleiner Junge befreit sich aus seinem seelischen Gefängnis*, *Zu der Angst kommt die Scham* und *Der Mann, der seine Frau mit einem Hut verwechselte*. Aber keines dieser Bücher bot mir Erklärungen für die Fragen, die ich zu dem Thema hatte. Zugleich fragte ich bei den psychologischen Fakultäten einiger Universitäten an, ob sie mich zum Studium zulassen würden.

Ich hatte keine Ahnung, wie man sich an einer Uni bewirbt, erfuhr aber, dass ich dazu mindestens in einem Fach ein A-Level ablegen musste.

Ich schrieb mich an einer Abendschule ein, um auf ein A-Level in Psychologie zu lernen. Dazu musste ich meinen Beruf als professioneller Tänzer aufgeben, denn ich musste ein Jahr fest an einem Ort bleiben und konnte nicht abends arbeiten. Zweimal wöchentlich hatte ich abends Unterricht. Nebenher bewarb ich mich offiziell um einen Studienplatz. Dazwischen übernahm ich Gelegenheitsjobs als Auslieferungsfahrer. So war es gut; alles lief nach Plan. Und dann erhielt ich im Winter im Laufe weniger Wochen von allen fünf Universitäten, an denen ich mich beworben hatte, eine Ablehnung. Das war ein Schlag. Ein wirklich schwerer. Manchester, Sheffield, das University College London, Bristol und Durham, alle sagten nein. Als die fünfte Ablehnung kam, wollte ich alles hinschmeißen. Ich ging nicht mehr zur Abendschule und fragte mich, was um alles in der Welt ich da bloß angestellt hatte: Ich hatte eine Karriere als Tänzer aufgegeben, das einzige, worin ich gut war, das Einzige, was sich für mich natürlich anfühlte, um zur Universität zu gehen – und ich hatte keinen Studienplatz bekommen.

In dieser Zeit begann ich eine Beziehung zu einem Mädchen namens Lindsey, die ich an der Abendschule kennengelernt hatte. Auch sie plante einen Berufswechsel und brauchte ein A-Level in Psychologie, um zur Uni gehen zu können. Sie war von der Universität ihrer Wahl angenommen worden, und schaffte die Schule spielend. Ich hatte mehr als die Hälfte verpasst, aber durch viel gutes Zureden konnte Lindsey mich überzeugen, in den letzten paar Schulwochen doch wiederzukommen und die Prüfung abzulegen. Einen Monat lang lernten wir jeden Abend zusammen. Das war das Beste, was ich tun konnte, und zwar aus zwei Gründen: Erstens habe ich die Prüfung geschafft, mit Ach und Krach zwar, aber es genügte, um mich im akademischen Spiel zu halten; zweitens habe ich Lindsey ein paar Monate später geheiratet und seither ist sie meine Lebenspartnerin.

Von nun an ging ich bei meiner Studienplatzsuche strategischer vor. Ich besuchte mehrere psychologische Fakultäten und traf mich mit verschiedenen Zulassungs-Tutoren. Zum Glück machte mir eines der Colleges ein bedingungsloses Angebot, und im September 1990 trat ich am Froebel College in Roehampton meine akademische Reise an. Der Campus des Froebel College war wunderschön, und es kam mir vor, als wäre ich abgeholt und in der Zeit zurückversetzt worden. Während meiner drei Jahre dort entwickelte ich eine Begeisterung für Neurobiologie und Neuropsychologie. Diese Fächer beschäftigen sich mit Untersuchungen des biologischen Aufbaus des Gehirns und der Frage, was mit Menschen geschieht, wenn ihr Gehirn geschädigt wird.

Tanz und Psychologie waren damals streng getrennte Bereiche meines Lebens. Ich lernte Psychologie im Labor und tanzte im Studio und trat in Theaterstücken und Shows auf. Aber ich wusste, dass ich keine Ausbildung zum Tanztherapeuten machen wollte. Meine Eltern hatten beide in einem Krankenhaus gearbeitet, und ich wusste, dass dies nicht die richtige Umgebung für mich wäre. Ich wollte etwas anderes, wusste aber nicht, was.

1993 machte ich in Roehampton meinen Abschluss und nahm dank eines staatlichen Stipendiums am *Centre for*

Cognitive and Computational Neurosciences der Universität Stirling ein Master-Studium in Neuroinformatik auf. Die Neuroinformatik erstellt mithilfe von Mathematik und künstlichen Netzwerken Modelle des Gehirns während des Verarbeitungsprozesses. Wir waren eine kleine, zusammengewürfelte Kohorte von Studentinnen und Studenten aus Informatik, Physik, Mathematik und Psychologie, und unser Ziel war es herauszufinden, wie wir plausible Modelle des Gehirns erstellen und diesen dann „Gehirnschäden" zufügen konnten, um zu lernen, wie das Gehirn sich erholt. Das war ehrgeizig. Mathematik fand ich zunächst verwirrend. Die Vorlesungen konnten aus Folie um Folie voller mathematischer Formeln bestehen, die aus scheinbar Hunderten griechischer Symbole zusammengesetzt waren. Meine Abende verbrachte ich damit, die Symbole für Theta, Delta, Lambda (das ich für eine Schauspielschule gehalten hatte) unterscheiden und benennen zu lernen. Es war ein anspruchsvoller Studiengang, und die meisten Studierenden waren superintelligente Introvertierte, die seitenlange mathematische Beweise verinnerlichen konnten, ohne etwas aufschreiben zu müssen, genau wie ich mir lange Tanznummern. Mit Infinitesimalrechnung und Algebra hatte ich zu kämpfen, aber am Ende kam ich durch und wechselte von Stirling an die Universität Essex, wo ich mit einem Stipendium ein Promotionsstudium in experimenteller Kognitionspsychologie aufnahm. Die Kognitionspsychologie beschäftigt sich damit, wie Menschen denken, lernen, Probleme lösen, Sprache gebrauchen, die Welt wahrnehmen und erinnern. Experimentelle Kognitionspsychologie ist mit sehr viel Laborarbeit verbunden. Ich habe drei Jahre in einem sehr kleinen Labor zugebracht und gemessen, wie lange Menschen brauchen, um Wortlisten zu lesen, und welche Wörter sie sich anschließend am besten merken können. Ich versuchte zu verstehen, wie Menschen lernen und erinnern, mit dem Ziel, geeignete Reha-Programme für Patientinnen und Patienten mit Hirnschäden zu entwickeln, insbesondere wenn Gedächtnis und Sprachzentrum beeinträchtigt waren.

Nach Abschluss meiner Promotion übernahm ich eine Post-Doktorandenstelle am Forschungszentrum für Englisch und Angewandte Linguistik an der englischen Fakultät der Universität Cambridge. Als Tänzer war ich es gewohnt, für Engagements vorzutanzen, wobei Hunderte hoffnungsvoller Menschen in vielen aufeinanderfolgenden Tanzduellen aussortiert werden, aber so etwas wie mein Vorstellungsgespräch in Cambridge hatte ich noch nicht erlebt. Ein zweitägiger Prozess an einer der ältesten und angesehensten Universitäten der Welt – die für mich zugleich der magische Ort am Ende des Regenbogens war, von dem ich in den letzten sieben Jahren geträumt hatte.

An der Universität Cambridge arbeitete ich als Psychologe an einem Projekt, bei dem untersucht wurde, wie Menschen mehr als eine Sprache lernen. Mich interessierte, wie Menschen in verschiedenen Sprachen „denken", und wie sie Wörter abspeichern und erinnern, die in verschiedenen Sprachen dieselbe oder unterschiedliche Bedeutung haben; und auch, wie sie neue (fremdsprachige) Wörter lesen und ihnen einen Sinn geben sowie dann komplexe linguistische Muster verstehen lernen. Darüber hinaus entwickelte ich Interesse an der Beziehung zwischen Legasthenie und Gedächtnis. Zum ersten Mal las ich Näheres über einige der Probleme, die Menschen mit Legasthenie beim Sehen, Codieren und Erinnern von Wörtern haben. Die

Beschreibungen, die ich in der Literatur fand, hätten von mir und meinen Schwierigkeiten beim Lesen handeln können: die Schwierigkeit, „Ausnahme"-Wörter zu lesen (das heißt, Wörter, deren Klang nicht mit ihrer Schreibweise übereinstimmt); die Schwierigkeit, sich zu merken, welche Wörter in einem sehr langen Satz zusammengehören; und die Schwierigkeit, sich in großen Textblöcken auf einzelne Wörter zu konzentrieren. Dass ich nun etwas über die kognitiven Modelle dieser Leseschwierigkeiten erfuhr, half mir zu verstehen, warum mir das Lesen so schwergefallen war und wie ich diese Schwierigkeiten hatte überwinden können.

Meine Zeit als akademischer Psychologe an der Universität Cambridge markierte das Ende einer sehr langen Reise. Zehn Jahre hatte ich gebraucht, und nun hatte ich einen Bachelor, einen Master und einen Doktor in Psychologie. Ich kam mir vor, als hätte ich den Gipfel des Mount Everest erreicht. Also tat ich genau das, was alle Menschen tun, sobald sie auf dem Gipfel eines Berges angekommen sind: Ich drehte mich um und ging wieder hinunter. Nach zwei Jahren verließ ich Cambridge und fing an zu planen, wie ich mein Fachwissen in Psychologie mit dem Thema verbinden konnte, das mir das liebste auf der Welt war, Tanzen. Das Ergebnis war das *Dance Psychology Lab*.

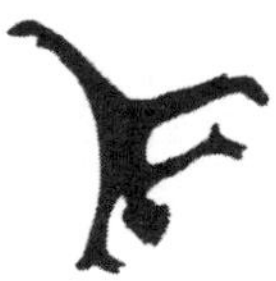

Mitzuerleben, wie das Leben von Menschen durch Tanz transformiert wird, ist eine sehr ehrfurchtgebietende

Erfahrung. Man könnte sagen, es ist magisch, aber das wäre falsch. Die transformative Kraft des Tanzens hat gar nichts Magisches, Mystisches oder Spirituelles, aber sie ist ein Geheimnis – bis jetzt. Ich habe das *Dance Psychology Lab* aufgebaut, damit ich die Beziehung zwischen Bewegung und Gehirn mithilfe hochentwickelter wissenschaftlicher Techniken untersuchen und besser verstehen konnte, warum und inwiefern Tanzen derart kraftvolle Auswirkungen auf uns Menschen hat. Was ich herausgefunden habe, war außergewöhnlich: längerer Erhalt der Lebensqualität für Menschen mit Parkinson und Demenz; wachsendes Selbstbewusstsein bei Jugendlichen; Rückgang von Depressionen und Ängsten bei Erwachsenen; verbesserte soziale Bindungen zwischen Menschen sowie fundamentale Veränderungen in der Art und Weise, wie die Menschen denken und Probleme lösen. Und dies alles durch Tanzen.

Das *Dance Psychology Lab* ist mir der liebste Ort auf der Welt, denn hier kann ich mit Tänzern und Wissenschaftlerinnen zusammenarbeiten, um wissenschaftliche Ideen zu erforschen. Seine Tanzfläche ist das Sprungbrett, von dem aus ich um die Welt hüpfen und mit multinationalen Unternehmen, Schulen, Bildungseinrichtungen und Gesundheitsinstitutionen kooperieren kann. Im nächsten Kapitel erkläre ich die überraschenden Geheimnisse des Tanzes und wie sie Sie schlauer, stärker und glücklicher machen können.

KAPITEL 2

EINE UNIVERSELLE SPRACHE

Tanzen: Verb. In bestimmter Schrittfolge und rhythmischen Bewegungen springen, hüpfen oder dahingleiten, zumeist begleitet von Musik, entweder allein, mit einem Partner oder in einer Gruppe.

Für jemanden, der sein ganzes Leben mit Tanzen verbracht hat, sollte die Frage „Was ist Tanz?" leicht zu beantworten sein. Ich erkenne Tanzen, wenn ich es sehe, und ich spüre es auf jeden Fall, wenn ich es tue, aber zu definieren, was Tanz ist und was nicht, ist wesentlich schwieriger als Sie vielleicht glauben. Wo hört Bewegung auf und wo fängt Tanz an?

Wenn eine Person keine der im Wörterbuch aufgeführten Tätigkeiten ausführt, können wir dann sagen, dass sie eindeutig nicht tanzt? Ich glaube nicht. Ich tanze oft, ohne zu hüpfen, zu springen oder dahinzugleiten; manchmal tanze ich, ohne bestimmte Schrittfolgen einzuhalten, und manchmal bin ich kein bisschen rhythmisch. Deshalb glaube ich nicht, dass wir uns auf diese Definition verlassen können, denn sie erfasst nicht die ganze Bandbreite dessen, was Tanzen ist, und wie es sich vom Nichttanzen unterscheidet.

Die Definition des berühmten amerikanischen Tänzers und Choreographen Jacques D'Ambroise gefällt mir wesentlich besser: „Tanz ist Ihr Puls, Ihr Herzschlag, Ihr Atem. Er ist der Rhythmus Ihres Lebens. Er ist Ausdruck in Zeit und Bewegung, in Glück, Freude, Traurigkeit und Neid."

Ich liebe das. Tanzen ist der Ausdruck von Emotion in Bewegung – was es zugleich zu einer gemeinschaftlichen Angelegenheit macht, wohl zu einer der sozial kraftvollsten und kommunikativsten Tätigkeiten, die es gibt. Genau dies werden wir im ersten Teil dieses Buches untersuchen: inwiefern Tanzen die Grundlage des höchstentwickelten Sprachsystems bildet, das wir haben, und inwiefern Rhythmen und gemeinsame Bewegungen uns zusammenbringen und helfen, Beziehungen und gegenseitiges Vertrauen aufzubauen. Wenn Sie geglaubt haben, Worte seien mächtig, dann warten Sie ab, bis Sie erleben, was Bewegung kann.

Rhythmus

Ok, los geht's, und fünf, sechs, sieben acht! Was ich an der Discomusik der 1970er und 1980er schon immer geliebt habe, ist der hypnotische Beat des 4/4-Rhythmus:

1, 2, 3, 4,
1, 2, 3, 4,
1, 2, 3, 4,
1, 2, 3, 4, ...

Die achtminütige Originalversion von Donna Summers „I feel love" zu hören, versetzt mich in Trance. Zusammengehalten von einem Rhythmus im Viervierteltakt folgt

Schicht auf Schicht wechselnder Klangfarben, die das Gehirn von allen Gedanken entleeren; genau wie beim Endorphin-High eines Langstreckenläufers, der von der immergleichen Monotonie seiner Schritte mitgerissen wird. Ein gleichbleibender Takt löst bei mir dasselbe Empfinden aus. Mir ist, als sei die Musik ein Puppenspieler, und als erfolgten alle meine Bewegungen ungewollt. Wenn Sie nicht wissen, wovon ich spreche, probieren Sie es aus und nehmen Sie sich etwas Zeit zum Üben; Sie werden über das Ergebnis staunen. Suchen Sie die Original-LP von 1977. Sie müssen nichts Besonderes tun: Schließen Sie einfach die Augen und konzentrieren Sie sich auf die Musik – Kopfhörer könnten helfen. Wenn Sie den Drang verspüren, sich zu bewegen, machen Sie kleine Bewegungen; wenn Sie etwas Starthilfe brauchen, klopfen Sie den Takt mit dem Fuß oder Finger oder nicken Sie mit dem Kopf. Bleiben Sie in dem kraftvollen regelmäßigen Rhythmus – 1, 2, 3, 4 – und machen Sie weiter, bis Sie nicht mehr darüber nachdenken, was Sie gerade tun. Lassen Sie sich Ihren Groove nicht von irgendwelchen Hemmungen verderben. Verlieren Sie sich ganz in ihm. Lassen Sie Ihren Geist dann noch tiefer in den Rhythmus eintauchen. Sie und die Musik. Wenn Sie die Bewegungen diskret halten, können Sie diese Form des Tanzens am Schreibtisch ausüben, im Bus, sogar wenn Sie auf der Straße gehen. Ein weiterer Disco-Titel, zu dem Sie üben könnten, ist „Cuba“ von den Gibson Brothers – hören Sie auf das synkopische Händeklatschen (Klatschen auf einem Off-Beat – in den 1970ern sehr beliebt) etwa in der Mitte des Stücks. Es steigert sich in den letzten 90 Sekunden, also bleiben Sie dran. Dann gibt es natürlich auch immer noch Michael Jackson, der in „Wanna Be Startin' Something“ einen klassischen 4/4-Takt sehr schön aufbricht.

Der Drang, in unserer Umgebung rhythmische Muster zu suchen und körperlich darauf zu antworten, ist uns Menschen angeboren. Er beginnt schon sehr früh. Ein wissenschaftliches Team aus Holland und Ungarn entdeckte in einem neonatologisch-neurowissenschaftlichen Experiment, dass schon zwei Tage alte Babys auditive Rhythmen erkennen und erinnern können.[2] Den Babys wurden Kappen aufgesetzt, an deren Innenseiten sich Elektroden befanden, um die elektrische Aktivität in ihrem Gehirn zu messen, während ihnen Drum-'n'-Bass-Musik vorgespielt wurde, auch wenn sie schliefen. Das menschliche Gehirn ist ständig aktiv und reagiert permanent auf das, was in unserem Körper und in unserer Umgebung geschieht. Manche glauben, wir nutzten immer nur zehn Prozent unseres Gehirns, aber das stimmt nicht. Die Neuronen in unserem Gehirn feuern ständig; es ist wie ein Silvester-Feuerwerk, das 24 Stunden am Tag, 365 Tage im Jahr in unserem Kopf stattfindet. Genau dies konnten die Wissenschaftlerinnen und Wissenschaftler bei den Babys messen: jeden Blitz, jeden Knall, jedes Oh und Ah.

Anschließend wurde dieselbe Musik noch einmal gespielt, dieses Mal waren aber einige Takte herausgenommen worden. Die Frage war, ob die Babys merken würden, dass Takte fehlten. Tatsächlich reagierte das Gehirn der Babys anders, wenn sie den Teil der Musik hörten, in dem ein Takt fehlte. Dies überzeugte das Forschungsteam, dass sogar schon zwei Tage alte Babys rhythmische Muster erkennen und erinnern können. Daraus lässt sich schließen, dass uns die Fähigkeit, in einem rhythmischen Klang einen Takt zu entdecken, angeboren ist.

Rhythmuswahrnehmung ist nur der erste Teil, wenn wir den Zauber von Donna Summers „I Feel Love“ entschlüsseln wollen. Das Verlangen, der Drang oder das Bedürfnis, sich zu der Musik zu bewegen, kommt von einem Hirnprozess namens „sensomotorische Kopplung“. Dabei triggert ein Klang die für Bewegung zuständigen Teile des Gehirns, was in uns entweder einen Bewegungsdrang auslöst oder uns tatsächlich in Bewegung versetzt. Die Bewegungen verschiedener Körperteile werden von unterschiedlichen Hirnarealen gesteuert. Derselbe Prozess findet beim Schreckreflex statt, wenn wir ein plötzliches, unerwartetes Geräusch hören, das uns zusammenzucken lässt.

Eine meiner liebsten akademischen Studien über den Drang zu tanzen, wurde in Kalifornien durchgeführt.[3] Die Wissenschaftlerinnen und Wissenschaftler wollten herausfinden, welches Musikstück am ehesten das sensomotorische Hirnareal aktiviert. Bevor Sie weiterlesen: Können Sie erraten, welche Musikrichtung – Folk, Rock, Jazz oder R ’n’ B/Soul – am stärksten Lust auf Bewegung macht? Und welches Lied?

Um dies herauszufinden, spielte das wissenschaftliche Team den Leuten 148 Auszüge aus den verschiedenen Musikgenres vor und fragte, wie stark der Bewegungsdrang war, den das jeweilige Musikstück auslöste. Dabei stellte sich heraus, dass R ’n’ B/Soul als grooviger eingestuft wurde als Folk, Rock und Jazz, und dass im Allgemeinen schnelle Musik als grooviger bewertet wurde als langsame Musik. Das groovigste Musikstück war „Superstition“, ein Track, den Stevie Wonder 1972 veröffentlicht hat, ein funkiger Soul-Klassiker.

Ein weiteres Musikstück, das bei mir starken Bewegungsdrang auslöst, ist „Soul Bossa Nova“ von Quincy Jones aus dem Jahr 1962. Hören Sie mal rein, und dann will ich wissen, ob Sie dabei stillhalten können!

Synchronizität: Wie Tanzen uns hilft, zu kommunizieren

Wenn wir ein angeborenes Rhythmusempfinden mit einem biologisch bedingten Bewegungsdrang kombinieren, dann können wir verstehen, warum Menschen anfangen, sich gemeinsam zu bewegen, wenn sie denselben Rhythmus hören. Außerdem wird nachvollziehbar, dass diese gemeinsame Bewegung wiederum eigene Klänge und Rhythmen erzeugt, die erneut rückkoppeln und zu einem Reiz werden, auf den alle reagieren. Kinder spielen oft sehr synchron; sie lieben zum Beispiel Spiele, bei denen sie klatschen, rennen, einander jagen oder sich an der Hand halten und gemeinsam hüpfen. Klatsch-Spiele, bei denen Gruppen Rhythmen skandieren und durch gegenseitiges Klatschen in die Hände und auf den Körper perkussive Klänge erzeugen, sind viele hundert Jahre alt. Das Kinderlied „pat-a-cake, pat-a-cake“ datiert aus dem Jahr 1698. (Ähnlich dem deutschen „Backe, backe Kuchen“, dessen Urform bis ins Jahr 1450 zurückreicht. Anm. d. Ü.) Das Verhalten von sehr kleinen Kindern ist möglicherweise von einer speziellen Motivation des Menschen getrieben, bei gemeinsamen rhythmischen Tätigkeiten die Bewegungen mit denen anderer zu synchronisieren. Dies reicht bis zur Freude am Hören von und Bewegen zu Musik. Gemeinsame Bewegung kann die Menschen sozial verbinden und sich positiv auf ihre gegenseitige Hilfsbereitschaft auswirken.

Menschen sind nicht die einzigen, die sich zu einem Groove bewegen. Wenn Sie noch nicht gesehen haben, wie der Kakadu Snowball auf YouTube zu „Everybody" von den Backstreet Boys tanzt, dann schauen Sie es sich unbedingt an. Für manche Lebewesen kann die Synchronisation ihrer Bewegungen mit der Umgebung den Unterschied zwischen Leben und Tod bedeuten. Zum Beispiel nimmt man an, dass Orang-Utans sich synchron zum natürlichen Schwanken der Äste bewegen, wenn sie sich von einem Baum zum anderen schwingen.[4] Dass sie in der Lage sind, ihre Bewegungen auf diese Weise zu synchronisieren, bevor sie sich zum nächsten Baum aufmachen, ist einigermaßen überlebenswichtig für sie. *Eine* Fehleinschätzung, und schon landen sie womöglich krachend auf dem Waldboden. Mit etwas Ähnlichem müssen sich Menschen befassen, wenn sie eine Rolltreppe betreten und wieder verlassen. Wie wir unsere Bewegungen mit unserer Umgebung synchronisieren, kann tiefgreifende Auswirkungen haben: auf unsere Beziehungen zu anderen Menschen, auf unsere Art zu denken und Probleme zu lösen, auf unsere biologischen Rhythmen und darauf, wie wir uns fühlen.

Der Tanz erzeugt eine magnetische Kraft zwischen uns, die uns zueinander hinzieht. Wenn wir in einem Club oder auf einer Party mit jemandem tanzen, kann es sich manchmal selbst bei größerem Abstand so anfühlen, als gäbe es eine physische Verbindung zwischen dem Körper der anderen Person und unserem. George Bernard Shaw hat dies perfekt beschrieben, als er sagte, Tanzen sei „der vertikale Ausdruck eines horizontalen Verlangens, das durch Musik legalisiert wird".

Wenn Menschen sich synchron bewegen, wenn sie also zum Beispiel miteinander gehen oder singen, kann Erstaunliches passieren. Wenn Sie möchten, dass jemand Sie mag, sollten sie als Erstes einen Spaziergang mit ihm oder ihr machen und dabei im Tempo Ihres Gegenübers gehen. Synchronisieren Sie Ihre Gehgeschwindigkeit mit der der anderen Person, und etwas Magisches geschieht. Ich habe gestaunt, als ich zum ersten Mal entdeckt habe, dass dieser einfache Akt der Synchronisation dazu führt, dass Menschen positivere Gefühle füreinander entwickeln. Die gemeinsame Bewegung in der Zeit ist eine Form nonverbaler Kommunikation, die uns emotional miteinander verbindet. Die Wissenschaft hat festgestellt, dass wir Menschen stärker vertrauen, wenn wir uns synchron mit ihnen bewegen; außerdem fühlen wir uns ihnen dann näher.[5] Ich liebe es, wenn die Wissenschaft eine allgemeine Empfindung bestätigt. Die Redensart „Bevor du einen Menschen beurteilst, gehe eine Meile in seinen Schuhen“, bedeutet, dass wir uns in ihn einfühlen, seine Erfahrungen, Herausforderungen und Ideen verstehen müssen. Gemeinsame Bewegung erleichtert diesen Prozess nachweislich. Ein ganz einfacher Akt – mehr ist gar nicht nötig.

Allerdings ist Tanzen in Gesellschaft – auf Partys und in der Öffentlichkeit – nicht jedermanns Sache. Während es für die einen nichts Schöneres gibt als eine rauschende Hausparty, ist den anderen schon die bloße Vorstellung ein Graus. Dafür gibt es gute Gründe. Obwohl Tanzen das Natürlichste auf der Welt und gemeinschaftliches Tanzen seit Jahrtausenden grundlegender Bestandteil menschlicher und tierischer Gesellschaften ist[6], können Menschen extrem gehemmt sein. Sie unterscheiden sich von der übrigen

Tierwelt durch ihre Fähigkeit zu beurteilen; sie überwachen sich selbst in einer Art und Weise, wie Vögel und Bienen dies nicht tun, und sie fällen Werturteile über sich selbst.[7] Stellen Sie sich vor, ein Vogel hätte Hemmungen wegen seines bunten Federkleids oder eine Biene würde sich scheuen, mithilfe des Schwänzeltanzes darüber zu informieren, wo es Pollen und Nektar gibt, weil sie denkt, die anderen Bienen im Stock könnten finden, dass dies blöd aussieht.

Gehemmtheit hält uns davon ab, Dinge zu tun, zu denen wir einen natürlichen Drang verspüren. Oft ist dies auf eine einfache Angst zurückzuführen, uns zu blamieren oder nicht genügend Talent dafür zu haben. Manchmal können aber auch die Überzeugungen oder Restriktionen unseres gesellschaftlichen Umfelds eine Rolle spielen. Einige psychotherapeutische Schulen glauben, dieser innere Konflikt werde durch den Kampf zwischen unseren natürlichen Wünschen und den Lehren einer bestimmten Religion, einem Glauben oder gesellschaftlichen Normen ausgelöst. Alle, die den Film *Footloose* gesehen haben, werden sich an die Geschichte des Teenagers Ren McCormack erinnern, der in eine religiös geprägte Kleinstadt zieht, in der Tanzen und Rockmusik streng verboten sind und von den örtlichen Autoritäten als „geistliche Verderbtheit" gebrandmarkt werden. Trotz aller Bemühungen gelingt es dem Rat der Stadt nicht, die Tanzlust des Jugendlichen zu unterdrücken, und es kommt zu einem Protest, der die Aufhebung des Verbots fordert. Aber für Kevin Bacon, der die Hauptrolle spielt, kommt die beste Szene des Films, als Ren versucht, seinem rhythmisch unbegabten Freund Willard das Tanzen beizubringen: „Hier wird eine Unbefangenheit eingefangen, mit der dieser Junge einfach versucht, dem anderen ein paar Moves beizubringen. Ich glaube, deshalb war der Film so beliebt – mehr als wegen irgendwelcher unerreichter Tanz- oder Akrobatik-Figuren."

Interessanterweise konnte Chris Penn, der in dem Film den Willard mit den zwei linken Füßen spielt, bis zu den Dreharbeiten tatsächlich nicht tanzen. Aber den Choreographen gelang es, ihm die Nummern beizubringen, indem sie eine Beziehung zwischen den Tanz-Moves und Wrestling herstellten, worin er sich bestens auskannte!

Angst vor dem Tanzen aufgrund von Hemmungen ist ein Gefühl, das viele von uns nachempfinden können. Wer hat nicht schon einmal die Momente auf einer Party miterlebt, wenn einige Gäste, angezogen von der Musik und der gemeinsamen Bewegung, schnell aufstehen und tanzen, während andere sich abseits halten und aus Unbeholfenheit und Angst wie festgenagelt in der hintersten Ecke stehen bleiben? In Kapitel Fünf schreibe ich mehr über die zweite Gruppe. Jetzt wollen wir uns auf die Glücklichen konzentrieren, die dem natürlichen Drang, in Gesellschaft zu tanzen, gerne nachgeben.

Vertrauen aufbauen

Tanzen mit anderen Menschen ist wunderbar, um Beziehungen zu entwickeln und Vertrauen aufzubauen. Dies liegt an den Veränderungen, die es in unserem Gehirn auslöst. Wissenschaftlerinnen und Wissenschaftler von der Universität Oxford vermuten, dass unser angeborenes Schmerzlinderungssystem – auch bekannt als endogenes Opioidsystem – beim Tanzen Überstunden macht und wir uns deshalb mit den Menschen wohlfühlen, mit denen wir tanzen.[8]

Die tanzenden Koryphäen in Oxford untersuchten die Beziehung zwischen Tanzen, Schmerz und sozialer Bindung und stellten fest, dass alle drei miteinander verbunden sind. Mehreren hundert Menschen wurden einige einfache Tanzschritte beigebracht. Dann wurden sie in zwei Gruppen eingeteilt; in einer Gruppe tanzten alle den gleichen Tanz, in der anderen Gruppe tanzten alle verschiedene Tänze. In der ersten Gruppe mussten alle miteinander zur gleichen Zeit dieselben Tanzschritte machen (stellen Sie sich eine Gruppe von Menschen vor, die vollkommen synchron die Macarena tanzen), während in der zweiten alle zur gleichen Zeit verschiedene Schritte machen mussten (stellen Sie sich eine Dreiergruppe vor, in der eine Person die Macarena tanzt, die nächste den Hokey Cokey und die dritte den Hustle). Anschließend wurde in beiden Gruppen die Schmerzgrenze gemessen, indem eine Blutdruckmanschette am Arm so lange aufgepumpt wurde, bis der Schmerz unerträglich wurde. Zum Schluss wurden alle gefragt, wie sehr sie sich sozial mit den Menschen verbunden fühlten, mit denen sie getanzt hatten. Im Folgenden einige Fragen, die im Rahmen dieser Studie gestellt wurden:

- Wie sehr vertrauen Sie den Menschen, mit denen Sie getanzt haben?
- Wie sehr fühlen Sie sich mit den Menschen verbunden, mit denen Sie getanzt haben?
- Wie sympathisch sind Ihnen die Menschen, mit denen Sie getanzt haben?
- Wie sehr ähnelt die Persönlichkeit der Menschen, mit denen Sie getanzt haben, für Ihr Empfinden Ihrer eigenen?

Außerdem wurden die Teilnehmenden gebeten, sich eine Reihe von Kreis-Diagrammen anzusehen und dasjenige auszuwählen, das ihre Beziehung zu den anderen Tanzenden am besten darstellt (siehe folgende Abbildung):

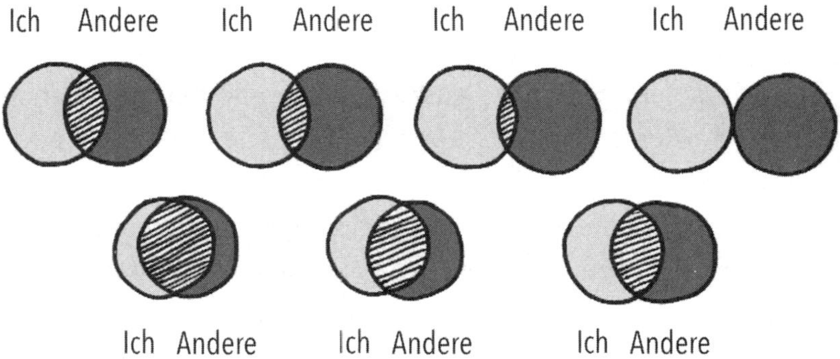

Was die Forscherinnen und Forscher herausfanden, war sehr überraschend. Nachdem alle getanzt hatten, gab es große Unterschiede zwischen den beiden Gruppen. Die Personen in der Gruppe mit dem gleichen Tanz fühlten sich den Menschen, mit denen sie getanzt hatten, sozial enger verbunden und konnten mehr Schmerzen aushalten als die Personen in der Gruppe mit unterschiedlichen Tänzen.

Gemeinsames Tanzen vermittelt uns ein natürliches Hochgefühl, weil es oft zu einer verstärkten Aktivierung unseres endogenen Opioidsystems führt. Dadurch empfinden wir Vergnügen, und es verändert unsere Gefühle gegenüber den Menschen, mit denen wir tanzen. Wir vertrauen unseren Tanzpartnerinnen und Tanzpartnern mehr, wir fühlen uns ihnen enger verbunden, wir mögen sie eher und wir denken, dass ihre Persönlichkeit der unseren ähnlicher ist.

Wir empfinden auch weniger Distanz zwischen dem, wo wir aufhören und wo sie anfangen. Es ist kein Wunder, dass sich Menschen beim Tanzen ineinander verlieben.

Tanzen, Fruchtbarkeit und Liebe

Während Kevin und seine Kumpels ihre Freitagabende im Tap 'n' Tin in Chatham verbringen und zum neuesten urbanen *Grime* grooven, tun die Haubentaucher an ihrem jeweiligen Lek etwas ganz Ähnliches. Der Haubentaucher ist eine Wasservogelart und berühmt für sein aufwändiges Balzverhalten. Ein Lek ist ein Balzplatz, an dem mehrere Männchen zusammenkommen, um gegeneinander anzubalzen, in der Hoffnung, ein Weibchen ihrer Art anzulocken. Zwischen Kevin und seinen Freunden und einem Schwarm Haubentaucher bestehen viele Ähnlichkeiten.

Das Balzverhalten eines Tieres soll Merkmale kommunizieren oder signalisieren, die Informationen über seine Eigenschaften enthalten. Die Weibchen schauen sich die Balz an und treffen aufgrund der darin kommunizierten Informationen eine Entscheidung, mit welchem Männchen sie sich paaren wollen. Die Balzbewegungen der Tiere kommunizieren Merkmale wie Energie und Intensität, während Komplexität und Dauer der Bewegung ein guter Indikator für Stärke und Fitness sein können.

Nach Charles Darwin spielt Tanz im Partnerwahlprozess des Menschen eine wichtige Rolle. Wenn also Männer in die örtlichen Clubs gehen, ist es ganz so, als ob sie damit einen menschlichen Lek anlegen würden. Wie Vögel kommunizieren und signalisieren auch Menschen sehr Vieles, wenn sie sich bewegen und tanzen, und dies könnte ihren Erfolg bei der Partnersuche beeinflussen. Aber so ganz ohne Prachtgefieder – was können Menschen da zur Schau stellen, wenn sie zu „Stayin' Alive" mit dem Hintern wackeln?

Nun, erstens ist Tanzen etwas Körperliches und zeigt daher die Vitalität einer Person, was wiederum ein Indikator für ihre Gesundheit sein kann. An der Art und Weise, wie Menschen Bewegungsfolgen erfassen, können wir sehen, wie gut sie lernen und memorieren. Und daran, wie sie die Bewegungen anderer nachahmen, erkennen wir, wie aufmerksam sie sind. Kreativität können wir daran erkennen, wie Menschen ihre Bewegungen verändern oder ausschmücken und wie gut sie ihre Bewegungen mit der Musik sowie mit anderen Menschen synchronisieren. Aber wir können auch tief in die Persönlichkeit von Menschen blicken, wenn sie eine kesse Sohle aufs Parkett legen.

Wenn Sie herausfinden wollen, wie Sie Ihre Persönlichkeit durch Tanz ausdrücken, machen Sie mit bei Dr. Dances Tanzpersönlichkeits-Quiz.

Stellen Sie sich vor, Sie tanzen auf einer Party oder einer Hochzeit und beantworten Sie folgende Fragen:

	Trifft nicht zu	Neutral	Trifft zu
Ich probiere immer neue Tanzbewegungen aus.	❍	❍	❍
Ich achte darauf, den Tanz in allen Einzelheiten korrekt auszuführen. Es ist wichtig, dass man es richtig macht.	❍	❍	❍
Wenn ich tanze, schauen alle hin.	❍	❍	❍
Ich tanze so wie alle anderen.	❍	❍	❍
Mir graut fürchterlich vor dem Tanzen.	❍	❍	❍

Wie Sie diese Fragen beantwortet haben, offenbart etwas über Ihre Persönlichkeit. Gehen wir sie nacheinander durch.

Ich probiere immer neue Tanzbewegungen aus.

Ihre Antwort auf diesen Satz sagt etwas über Ihre Offenheit für neue Erfahrungen aus. Neue Tanzbewegungen auszuprobieren, ist ein Anzeichen dafür, dass Sie sehr gern Neues lernen und Freude an neuen Erfahrungen sowie an Komplexität haben. Dies ist mit Persönlichkeitsmerkmalen wie Einsichtsfähigkeit, Fantasie und Spontaneität verbunden. Wenn Sie dieser Aussage nicht zugestimmt haben, deutet dies darauf hin, dass Sie relativ konventionell sind und vielleicht eher auf der rationalen als auf der kreativen Seite stehen.

Ich achte darauf, den Tanz in allen Einzelheiten korrekt auszuführen. Es ist wichtig, dass man es richtigmacht.

Dies zeigt uns, wie gewissenhaft Sie sind. Genau auf die Details des Tanzes zu achten, ist ein Zeichen, dass Sie verlässlich und diszipliniert, gut organisiert und sorgfältig sind. Wenn Sie dieser Aussage nicht zugestimmt haben, deutet dies darauf hin, dass Sie vielleicht ein wenig unorganisiert und nachlässig sind.

Wenn ich tanze, schauen alle hin.

Ihre Antwort auf diese Frage zeigt, wie extrovertiert Sie sind. Wenn Sie so tanzen, dass Sie allen auffallen, ist dies ein Anzeichen dafür, dass Sie enthusiastisch sind und andere Menschen Ihnen Energie und Schwung geben. Außerdem zeigt es, dass Sie energisch, durchsetzungsfähig und gesprächig sind. Wenn Sie dieser Aussage nicht zugestimmt haben, deutet dies darauf hin, dass Sie zurückhaltender und stiller sind und dazu neigen, erst einmal zu beobachten und abzuwarten, bevor Sie sich in etwas hineinstürzen.

Ich tanze so wie alle anderen.

Ihre Antwort auf diesen Satz zeigt uns, wie umgänglich Sie sind. Wenn Sie so tanzen wie alle anderen, ist dies ein Zeichen dafür, dass Sie kooperativ und freundlich sowie von herzlichem und mitfühlendem Wesen sind. Wenn Sie dieser Aussage nicht zugestimmt haben, deutet dies darauf hin, dass Sie gerne Ihr eigenes Ding machen, statt mit dem Strom zu schwimmen, aber auch, dass Sie gerne einmal kritisch und streitlustig sind.

Mir graut fürchterlich vor dem Tanzen.

Ihre Antwort auf diesen Satz zeigt uns, wie neurotisch Sie sind. Wenn Sie viel zu viel Angst haben, um in der Öffentlichkeit zu tanzen, könnte dies ein Anzeichen dafür sein, dass Sie emotionale Instabilität erleben und negative Gefühle verspüren. Dies könnte bedeuten, dass Sie ein Mensch sind, der ängstlich und leicht zu verunsichern ist. Wenn Sie dieser Aussage nicht zugestimmt haben, deutet dies darauf hin, dass Sie ruhig und emotional stabil sind.

Wenn wir tanzen, zeigt sich unsere Persönlichkeit ebenso lebhaft wie ein prächtiges Gefieder, aber Tanzen sendet auch Signale, die wesentlich tiefer wurzeln als unsere Persönlichkeit.

Zwei Forschungsgruppen haben kürzlich die Verbindungen zwischen Tanz und Fruchtbarkeit untersucht, und ihre Ergebnisse sind faszinierend. Mein Forschungsteam war eine der beiden Gruppen, aber bevor ich verrate, was mein Team herausgefunden hat, möchte ich Ihnen von der anderen Studie berichten. Sie wurde von einem Team der Universität von New Mexico in Albuquerque in einem Lapdance-Club durchgeführt.[9] Insgesamt deuten beide Studien darauf hin, dass Frauen tatsächlich den Grad ihrer Fruchtbarkeit signalisieren, wenn sie sich bewegen.

Lapdance ist ein erotischer Tanzstil, bei dem Frauen, die in der Regel nur einen Stringtanga tragen, auf dem Schoß von vollständig bekleideten Männern kreisende Bewegungen vollführen und tanzen. Für einen Lapdance bezahlen die Männer der Tänzerin ein Honorar, und wenn der Mann nach einer bestimmten Zeit möchte, dass der Tanz fortgesetzt wird, kann er ihr ein Trinkgeld geben.

Das Team aus Albuquerque wollte die Beziehung zwischen der Fruchtbarkeit einer kleinen Gruppe von Lapdancerinnen und der Summe des Trinkgelds untersuchen, das sie in einem Zeitraum von 60 Tagen einnahmen. Das Ergebnis war, dass Frauen mit einem natürlichen Zyklus, die also nicht hormonell verhüteten, in der fruchtbaren Zyklusphase deutlich mehr Trinkgeld pro Schicht verdienten (durchschnittlich 335 US-Dollar) als in der weniger fruchtbaren Lutealphase (durchschnittlich 260 US-Dollar) oder während der Menstruation (185 US-Dollar). Erwähnenswert ist, dass die Frauen, die hormonelle Kontrazeptiva verwendeten, über den gesamten Monat etwa 30 Prozent weniger verdienten als Frauen mit natürlichem Zyklus und dass sie in der Mitte des Monats nicht den gleichen Trinkgeldanstieg erzielten.

Diese Trinkgeldmuster deuten darauf hin, dass die Männer auf das Östrusverhalten der Lapdancerinnen ansprachen. Es ließ sich nicht eindeutig feststellen, warum die Männer ein höheres Trinkgeld gaben, aber die Forscherinnen und Forscher vermuten, dass es entweder an einer höheren Attraktivität in der fruchtbaren Phase oder an Geruchsveränderungen oder an Veränderungen in der Weichteilsymmetrie liegen könnte. Schließlich waren die Lapdancerinnen oben ohne, und ihre Brüste kamen den Männern so nah, dass sie sie näher inspizieren konnten. Interessant fand ich an den Schlussfolgerungen des wissenschaftlichen Teams aus Albuquerque auch, dass sie glaubten, die Veränderungen in der Fruchtbarkeit würden wahrscheinlich nicht durch eine Veränderung der Art und Weise kommuniziert, wie die Frauen tanzten. Das wollte ich überprüfen. Da ich es jedoch für unwahrscheinlich hielt, dass ich mein

Forschungsteam zum Filmen in einen Lapdance-Club mitnehmen dürfte, beschloss ich, die Daten in anderer Form zu erheben.

Mit meinem Forschungsteam verwandelte ich den Nachtclub unserer Universität in eine nächtliche Petrischale. Wir filmten Menschen beim Tanzen in einer möglichst natürlichen Umgebung und hofften, folgende Fragen beantworten zu können: Erstens, wenn es zutrifft, dass Frauen den Männern ihre Fruchtbarkeit kommunizieren, tun sie dies dann durch die Art und Weise, wie sie sich bewegen und tanzen, und bewegen sie sich daher in den verschiedenen Phasen ihres Fruchtbarkeitszyklus unterschiedlich? Zweitens, wenn ja, inwiefern bewegen sie sich dann jeweils anders? Drittens, wenn sie sich anders bewegen, merken Männer das? Die Antworten auf diese Fragen wollte ich mithilfe der Filme, die ich von den tanzenden Menschen gemacht hatte, und durch den Einsatz einer hochentwickelten, topmodernen Eye-Tracking-Ausrüstung herausfinden.

Über alle Frauen, die ich filmte, hatte ich umfassende Datensätze. Sie enthielten Informationen darüber, ob sie hormonell verhüteten, ob sie in den letzten drei Monaten eine Periode gehabt hatten, wann ihre letzte Periode begonnen hatte, und wie lange ihr normaler Zyklus dauerte. Anhand dieser Informationen konnte ich mithilfe von gängigen Methoden abschätzen, ob die Tänzerinnen sich in ihrer fruchtbaren, in der lutealen oder in der menstruellen Blutungsphase ihres Zyklus befanden. Mein Forschungsteam bat ich, die Bewegungen der Tänzerinnen im Detail zu analysieren. Dass ich die Beziehung zwischen Fruchtbarkeit und Tanz untersuchte, sagte ich nicht. Das Team machte Notizen darüber, welche Körperteile die Frauen bewegten, wie stark sie sie bewegten, in welche Richtung sie blickten, wie vielfältig und häufig sie ihre Bewegungen veränderten und wie sie den Raum auf der Tanzfläche nutzten. Als wir diese Informationen hatten, verglichen wir den Bewegungsstil der Frauen in den drei verschiedenen Fruchtbarkeitsstadien, und unsere Ergebnisse deuten darauf hin, dass Frauen sich tatsächlich anders bewegen, je nachdem, wie fruchtbar sie gerade sind.

Frauen, die sich in der fruchtbarsten Phase ihres Zyklus befanden, isolierten und bewegten ihre Hüften im Verhältnis zu ihren übrigen Körperteilen stärker. Befanden sich Frauen in den weniger fruchtbaren Phasen ihres Zyklus, bewegten sie ihre Hüften ebenfalls, aber andere Körperteile – Hände, Füße und Kopf – im selben Maße. So wie der Pfau seine Prachtfedern aufstellt, schwingen Frauen gern die Hüften.

Anschließend wollte ich wissen, ob Männer diese Unterschiede in der Körperbewegung wahrnehmen. Um dies zu messen, projizierte ich lebensgroße Videos aller tanzenden Frauen auf eine große Leinwand und stattete die Männer mit Eye-Tracking-Geräten aus, damit ich exakt aufzeichnen konnte, wohin sie schauten, wenn sie die einzelnen Frauen tanzen sahen. Ich stellte fest, dass die Männer, wenn Frauen einen bestimmten Körperteil isolierten, auch genau dort hinsahen. Bewegten die Frauen sehr viele verschiedene Körperteile, wechselten die Männer ständig die Blickrichtung. Die weitere Analyse ergab, dass der Blick der Männer auf den Körper der Tänzerinnen auch davon abhing, wie fruchtbar die Frauen waren. Zum Beispiel schauten die Männer bei fruchtbaren Frauen eher auf die Hüftregion, die diese stärker isolierten; bei weniger fruchtbaren Frauen, die viele Körperteile gleichzeitig bewegten, blickten sie hingegen eher auf alle Körperstellen.

Abschließend wollte ich wissen, wie attraktiv die Männer das Tanzen der verschiedenen Frauen fanden. Anscheinend liegt die Attraktivität vor allem in den Hüften. Die hüftschwingenden fruchtbaren Frauen stuften die Männer als attraktiver ein als weniger fruchtbare Frauen, die bei ihren Körperbewegungen weniger Isolierung einsetzen.

Die Konsequenzen dieser Erkenntnisse reichen weit über das Tanzen in Clubs und die Partnerwahl hinaus. Sie sind von enormer Bedeutung für die Art und Weise, wie wir als Gesellschaft miteinander interagieren. Ständig werden wir danach beurteilt, wie wir uns bewegen - bei der Arbeit, im Bus, wenn wir die Straße entlanggehen. Und die Art und Weise, wie wir unseren Körper bewegen, wird durch unsere Körperchemie beeinflusst.

Tanz als Instrument gesellschaftlichen Zusammenhalts (und der Subversion)

Flashmobs können als das Nonplusultra sozialen Tanzens betrachtet werden. Sie können als eine Kraft wirken, die sofort Gemeinschaft entstehen lässt, sind aber auch wunderbar subversiv. Wenn wir an überraschenden Orten tanzen, verändert dies vorübergehend die Umgebung, und die Leute wissen nicht, wie sie darauf reagieren sollen. Es löst eine gesellschaftliche Sensation aus. Ich habe bei mehreren Flashmobs getanzt, und die Grundelemente sind immer die gleichen. Sie gehen an einen öffentlichen Ort, etwa eine Ortsmitte, einen Bahnhof oder eine Bibliothek, und eine Person fängt an zu tanzen, dann macht eine zweite mit, dann eine weitere, bis ein Schneeballeffekt entsteht, und alle dieselben Tanzschritte machen. Das Ganze sollte so unerwartet sein wie ein Schneesturm an einem Sommertag. Es gibt auch ein Überraschungselement, denn es lässt sich unmöglich vorhersagen, wer als nächstes mitmacht. Bevor die Leute mittanzen, geben sie sich als unbeteiligte Passanten aus.

Mein Lieblings-Flashmob auf YouTube heißt „Sound of Music | Central Station Antwerp (Belgium)“ und zeigt über 200 Tänzerinnen und Tänzer. Zwei Dinge liebe ich an diesem Flashmob besonders: die Reaktionen der Passantinnen und Passanten, ihre Überraschung, wenn die Musik einsetzt, ihre freudigen, lächelnden Gesichter sowie ihr Mitklatschen; und die Kommentare der Menschen, die das Video gesehen haben. Sie sind alle sehr positiv und zeigen die emotionale Wirkung, die das Tanzen in der Öffentlichkeit hat. Mehrere Menschen schreiben, die Aktion habe sie zu Tränen gerührt, weil sie so viel Freude ausstrahlt; andere meinten, massenhaftes gemeinschaftliches Tanzen zeige die Menschheit von ihrer besten Seite. Eine Person schrieb: „Davon braucht die Welt noch mehr: Mehr Flashmobs und weniger Lynchmobs! In unserer Welt gibt es viel zu viel Hass und Gleichgültigkeit. Ich wünschte, wir könnten wieder Liebe und Freude in unseren Alltag bringen.“

Tanz wird seit unvordenklicher Zeit genutzt, um Liebe und Freude zu verbreiten. Aber tanzende Flashmobs sind nicht überall willkommen. In manchen Ländern verstößt ungenehmigtes öffentliches Tanzen in Gruppen gleich gegen mehrere Gesetze. Es gilt als Landfriedensbruch und Ordnungswidrigkeit, und alle, die einen Flashmob organisieren, können belangt werden, weil sie keine private oder berufliche Haftpflichtversicherung haben. In den USA gibt es sogar Anwälte, die sich auf Flashmob-Recht spezialisiert haben. Dieses Spannungsverhältnis zwischen dem Wunsch der Menschen, in einer unregulierten Umgebung spontan zu tanzen, und dem Bedürfnis der Gesellschaft, Recht und Ordnung aufrechtzuerhalten, kommt in vielen Tanzformen zum Ausdruck.

Nirgendwo zeigten sich die Spannungen zwischen der Polizei und unbekümmerten Tänzerinnen und Tänzern deutlicher als in der britischen Rave-Kultur der 1980er Jahre. Raves waren oft überwiegend illegale Zusammenkünfte tausender Menschen in spontanen Locations wie etwa stillgelegten Lagerhallen, Scheunen und Feldern. Die Organisatoren von Raves kreuzten mit riesigen Verstärkeranlagen auf, und die Menschen reisten aus mehreren hunderten Kilometern Entfernung an, um die Nacht durchzutanzen. Die Polizei konnte immer nur hinterherhecheln. Sie errichtete Straßensperren, damit die Veranstaltungen nicht noch größer wurden, hatte aber keine Chance, einen Rave aufzulösen, sobald eine kritische Masse tanzender Körper erreicht war.

Doch dies änderte sich 1994, als die britische Regierung den *Criminal Justice and Public Order Act* erließ, der unter anderem ungenehmigte Zusammenkünfte wie zum Beispiel Raves, bei denen Musik über eine Verstärkeranlage gespielt wurde, verbot. Damit hatte die Polizei die Macht, Raves aufzulösen. Die damalige konservative Regierung hatte sichtlich ein Problem mit zwei der grundlegendsten Aspekte des Menschseins: zusammenzukommen und zu tanzen. Tausende zogen protestierend nach Westminster.

Die Art und Weise, wie die Menschen bei Raves tanzten, wurde durch elektronische Tanzmusik wie Techno, House und Acid sowie durch deren Abspielgeschwindigkeit beeinflusst. Rave-Musik wurde typischerweise mit durchschnittlich 120–130 Beats pro Minute (bpm) abgespielt. Das ist interessant, weil dies ungefähr der Geschwindigkeit entspricht, mit der das Herz von 20-Jährigen bei einem mäßig intensiven Training schlägt. Bei dieser Schlagzahl können gesunde junge Raver lange tanzen.

Rave-DJs lenkten große Massen von Tanzenden durch eine Veränderung von Rhythmus und Schlagzahl der Musik, die sie im Laufe der Nacht spielten. Gute DJs konnten einem Publikum wahnsinnige Höhepunkte verschaffen, indem sie das Tempo der Musik auf 160 bis 220 bpm steigerten und dann wieder auf machbare, haltbare 130 bpm herunterfuhren. Eine Steigerung der Schlagzahl auf 160–220 bewirkt, dass die Tänzerinnen und Tänzer bis an ihren Maximalpuls (der bei 20-Jährigen etwa bei 200 bpm liegt) oder sogar darüber hinaus gehen müssen, um mit dem Beat mitzuhalten.

Bei dieser Schlagzahl werden ihre Tanzbewegungen eher zu spontanen, automatisierten Muskelzuckungen als zu etwas Geplantem oder Choreographierten. Vermutlich in dieser Phase geraten sie in einen tranceähnlichen Zustand, in dem sich der Körper in unmittelbarer Reaktion auf die Musik bewegt, sodass die sensomotorische Kopplung von Musik und Bewegung eher einem automatischen Schreckreflex gleicht als einer choreographierten oder im Voraus geplanten Bewegungsfolge. Ein Zustand, in dem für bewusstes Planen keine Zeit ist. In diesem Zustand unterliegen die Tanzenden vollständig der Kontrolle durch die Musik und letztlich auch durch die Person, die diese Musik kontrolliert, also den oder die DJ. Befinden Sie sich erst einmal in einer vom DJ eingeleiteten Trance, gibt es kaum noch ein Zeitgefühl, nur den unablässigen Beat der Musik, bis zum Sonnenaufgang.

Wenn Menschen in Trance oder einen der Trance ähnlichen Zustand geraten, erleben sie eine Veränderung ihrer Denkweise, die viel grundlegender ist als ein bloßer Stimmungswechsel. Eine Trance ähnelt einem hypnotischen Zustand; die Leute bekommen weniger von dem mit, was um sie herum vor sich geht, und manche behaupten sogar, dass sie das Bewusstsein verlieren. Andere meinen, es sei wie ein halbbewusster Tagtraum, ein bisschen so, wie wenn Sie sich frühmorgens auf halbem Weg zwischen Schlafen und Wachen befinden, wenn sich Ihre Arme und Beine so anfühlen, als gehörten sie nicht zu Ihnen, und Sie nicht wissen, wo Sie sind.

Menschen, die sich in einem tranceähnlichen Zustand befinden, können sich benommen fühlen, oder es kann ihnen schwindlig werden, verbunden mit einem Gefühl des Verschwindens oder des Selbstverlusts und einer veränderten Körperwahrnehmung. Möglicherweise beginnen sie, ein kollektives Bewusstsein wahrzunehmen. Ein tranceähnlicher Zustand ist also in gewissem Sinne ein veränderter Bewusstseinszustand, eine fundamentale Veränderung des bewussten Denkens.

Wenn Gruppentanz zum Gesetzesverstoß wird

Wenn Sie an Gesetzesverstöße denken, fällt Ihnen vielleicht nicht unbedingt als Erstes das Tanzen ein. Aber in manchen Gesellschaften gilt Tanzen als so gefährlich, dass versucht wird, es einzudämmen, aus Angst, es könnte die guten Sitten verderben. Jahrhundertelang haben Machthabende kontrolliert, wer tanzen darf, wer mit Tänzerinnen und Tänzern Umgang haben darf und welche Art von Tanz die Menschen ausüben dürfen. Unter bestimmten Umständen wurde das Tanzen ganz verboten.

Noch heute brauchen Sie in England und Wales eine Betriebsstättenlizenz, wenn Sie Menschen einen Raum zum Tanzen zur Verfügung stellen wollen. Andernfalls können Sie mit einer Geldstrafe von tausend Englischen Pfund, einer Gefängnisstrafe von bis zu sechs Monaten oder beidem belegt werden. In Schweden war bis 2016 für öffentliche Tanzveranstaltungen eine Tanzgenehmigung erforderlich. Erst dann stimmte das schwedische Parlament, der *Riksdag*, klugerweise einstimmig für die Abschaffung dieses Gesetzes.

Im August 2012 bezahlten siebzehn junge Menschen das Tanzen mit dem äußersten Preis. Sie wurden von den Taliban enthauptet, weil sie sich an einer Aktivität beteiligt hatten, die nach islamischem Recht verboten ist: Tanzen in einer gemischtgeschlechtlichen Gruppe. Das islamische Recht verbietet nicht das Tanzen an sich; tatsächlich hat das Tanzen in muslimischen Kulturen eine lange Tradition, aber es gibt bestimmte Umstände, unter denen Tanzen absolut *haram* (verboten) ist. Als verwerflich gilt das Tanzen überall da, wo Alkohol im Spiel ist, wo Männer und Frauen zusammenkommen, wenn die Bewegungen träge oder verweichlicht sind und wenn es „im Übermaß" betrieben wird. Unter allen anderen Bedingungen ist Tanzen in Ordnung. Zum Beispiel erlaubt der Islam, dass eine Frau vor ihrem Mann tanzt, um ihn zu erfreuen oder zu erregen, aber sie darf nicht vor anderen Männern – oder Frauen – tanzen. Verboten ist das Tanzen vor anderen Frauen mit der Begründung, dass es zu unerwünschter Versuchung und Anziehung führen könnte. In einer *Fatwa* (einem Urteil zu einem Punkt des islamischen Rechts) heißt es:

> Was das Tanzen seitens der Frauen anbetrifft, so ist es eine böse Handlung, und wir können nicht sagen, dass es statthaft ist, weil wir von Vorfällen gehört haben, die sich deswegen unter Frauen zugetragen haben. Wird es von Männern betrieben, ist es sogar noch schlimmer, denn dies bedeutet, dass Männer Frauen nachahmen, und das damit verbundene Übel ist allgemein bekannt. Wird das Tanzen in einer gemischten Gruppe aus Männern und Frauen betrieben, wie es einige Törichte tun, so ist es sogar noch schlimmer, wegen der damit verbundenen Vermischung und großen Fitnah (Versuchung), insbesondere wenn es bei einer Hochzeitsfeier geschieht.

Viele religiöse Gruppen haben ein Problem mit dem Tanzen. Auch christliche Sekten haben es in der gesamten Geschichte stets als „Teufelswerk“ betrachtet, und zur Warnung wurden Geschichten über seine zerstörerischen Folgen erzählt. Tanzen mit der ihm innewohnenden körperlichen und geistigen Freiheit passt nicht zu den strengen Einschränkungen der meisten traditionellen Religionen. Und jede Art des Tanzens, die sich in einen öffentlichen Raum wagt, eine Stimmung aufgreift und Menschen in großer Zahl anzieht, ist als gefährlich einzuschätzen. Nehmen wir nur einmal die Geschichte einer gewissen Madame Troffea, die eines schönen Tages im Jahr 1518 in Straßburg ans Flussufer ging und zu tanzen begann. Sie tanzte allein, und es war keinerlei Musik zu hören. Sie war offenbar in ihrer eigenen Welt und bewegte sich tagelang frenetisch zu dem Rhythmus in ihrem Kopf. Nach und nach sammelten sich die Bewohner der Stadt, die von ihrer Darbietung fasziniert waren, um sie, und einer nach dem anderen schloss sich ihr an, bis eine wogende Masse unablässig Tag und Nacht am Flussufer tanzte. Das Flussufer war blutgetränkt, weil die Füße der Tanzenden Blasen warfen und aufrissen, und als die Tanzwut nach 30 Tagen vorüber war, waren Dutzende tot umgefallen.

Niemand weiß, warum Madame Troffea am Flussufer zu tanzen begonnen oder was Hunderte Menschen dazu gebracht hat, sich ihr anzuschließen, aber diese Geschichte ist kein Einzelfall. Es gibt viele Erzählungen über ähnliche historische Ausbrüche der „Tanzwut"[10]: Der früheste Bericht stammt aus dem Jahr 1017, als ein Ausbruch in Ostsachsen ein ganzes Jahr angedauert und sich dann zu einem rasenden Höhepunkt gesteigert haben soll. Es werden mehrere Ursachen vermutet, darunter auch eine Lebensmittelvergiftung namens Ergotismus oder Brandseuche, die durch den Verzehr von Mutterkorn hervorgerufen wird, einem Schimmelpilz, der auf Getreide wächst und bei Menschen zu Halluzinationen und wildem Tanzen führt. Möglicherweise war die „Tanzwut" auch eine Reaktion auf eine repressive Gesellschaft, ausgelöst durch eine gesellschaftliche Katastrophe oder eine Notzeit.

Im 16. Jahrhundert, als der Glaube an göttliche Flüche und Zauberei weit verbreitet war, wurde Madame Troffeas

„Tanzwut" einer Besessenheit durch den Teufel zugeschrieben. Die christliche Obrigkeit in Straßburg beschloss, dass sie und ihre Mittänzerinnen und Mittänzer allein durch religiöse Erlösung zu kurieren waren. Sie luden die Tanzenden gruppenweise auf Karren und brachten sie in örtliche Kirchen, wo Priester Zeremonien zur Austreibung der bösen Geister vollzogen.

Ein paar Jahrzehnte später, im Jahr 1562, schrieb John Knox, der Gründer der presbyterianischen Kirche von Schottland, „der Lohn der Tänzer" sei es, „in der Hölle zu schmoren". Auch vom „Fiedeln und Flingen" (nach dem Tanz Highland Fling, Anm. d. Ü.) war er nicht begeistert. Ich bin froh, dass ich nicht im 16. Jahrhundert in Schottland aufgewachsen bin; ich weiß nicht, wie ich meinen Drang zum Tanzen hätte im Zaum halten sollen, besonders wenn ich einen Fiedler gehört hätte. 1649 schließlich verbot die schottische Kirche das Tanzen, weil es mit Trunkenheit, Völlerei, Unanständigkeit und Unzucht in Verbindung gebracht wurde – klingt ganz nach einem typischen Samstagabend in den meisten britischen Städten heute. 1684 hatte sich das Misstrauen puritanischer Christen gegen das Tanzen über den Atlantik bis nach Neuengland verbreitet. Der bedeutende puritanische Pfarrer Increase Mather befürchtete so sehr, dass gemischtgeschlechtliches und promiskuitives Tanzen die Gesellschaft verderben könnte, dass er ein 30-seitiges Pamphlet mit dem Titel „An arrow against profane and promiscuous dancing. Drawn out of the quiver of the scriptures" verfasste (Ein Pfeil gegen weltliches und promiskuitives Tanzen. Gezogen aus dem Köcher der Heiligen Schrift.) In seiner Feuer-und-Schwefel-Predigt wetterte er: „Die unkeuschen Berührungen und Gesten, welche die

Tänzer verwenden, haben eine offensichtliche Neigung zu dem, was vom Übel ist." Die Verbindung zwischen dem Tanzen und dem Bösen wird im Text mehrfach bekräftigt. Seine Zuhörerschaft muss dies zu Tode erschreckt und dazu gebracht haben, ihrem Drang zu tanzen zu widerstehen.

Dass Tanzverbote in Teilen sowohl der islamischen als auch der christlichen Welt bis in die heutige Zeit Bestand haben, ist vielleicht gar nicht so überraschend. Bemerkenswert erscheint aber das zivilrechtliche Verbot einiger Formen von Tanz und Bewegung. Während die glaubensbasierten Verbote in der Vorstellung wurzeln, Tanzen könne zu unmoralischem Verhalten führen, beruhen zivilrechtliche Tanzverbote auf willkürlichen Entscheidungen und den persönlichen Launen derjenigen, die diese Regeln machen, anstatt auf Vernunft oder einem System. Im Jahr 2011 sagte ein Richter in Australien einem Mann, er sei zu alt, um auf einem Rockkonzert zu tanzen. Richard Fuller war damals 43 Jahre alt, tanzte energiegeladen vor sich hin und ging völlig auf in der Musik seiner Lieblingsband Cold Chisel. Er brauchte mehr Platz, also zog er in den Mittelgang des Saals, wo er nach Herzenslust Doppelfäuste in die Luft schleudern konnte. Richard kam allerdings nie dazu, zum hymnischen Finale der Band zu tanzen, weil ihn der Sicherheitsdienst des Veranstalters wegen Tanzens im Mittelgang aus dem Saal entfernte. In der aufgeheizten Stimmung ohrfeigte Richard Fuller einen der Sicherheitsleute und fand sich vor Gericht wieder. Richter Ross Mack verurteilte ihn wegen tätlichen Angriffs zu einer Geldstrafe von 450 australischen Dollar. Wichtiger aber finde ich, dass er in seiner Urteilsbegründung sagte: „Mr. Fuller, Sie sind zu alt zum Tanzen." Natürlich bin auch ich der Meinung, dass Fuller für die Ohrfeige gegen einen Sicherheitsmann eine Geldstrafe verdient hat – dieses Verhalten ist keinesfalls zu entschuldigen – dass ihm aber von einem Vertreter der Justiz so etwas gesagt wird, vermittelt erstens die Botschaft, dass Tanzen nur etwas für junge Leute ist, was eindeutig falsch ist; und zweitens, dass Vertreter lokaler Behörden Einfluss darauf haben, welche Menschen wann und wie in einer Gesellschaft ihren Körper bewegen sollten. Treiben Sie diese Idee auf die Spitze, und stellen Sie sich einmal vor, wie das Leben dann aussähe!

KAPITEL 3

TANZEN UND GEHIRN

Alles beginnt in unserem Gehirn. Das menschliche Gehirn ist auf Bewegungssteuerung spezialisiert, und das muss es auch sein, um unsere über 600 Muskeln zu kontrollieren. Der motorische Cortex, der sich im hinteren Teil des Stirnlappens befindet, ist an der Planung, Steuerung und Ausführung willentlicher Bewegungen beteiligt. Währenddessen arbeiten die Basalganglien, Kerngebiete tief im Gehirn, bei der Bewegungskoordination mit dem motorischen Cortex zusammen. Darüber hinaus fungieren sie wahrscheinlich als Filter, um unpassende Bewegungen zu blockieren, wie etwa diesen unklugen Ententanz. Das Kleinhirn im hinteren Teil des Schädels erfüllt ebenfalls mehrere Aufgaben, darunter die Integration von Informationen unserer Sinne, damit unsere Bewegungen vollkommen flüssig und präzise sind.

Allein ein Glas Wasser zum Mund zu führen, erfordert eine unvorstellbar komplizierte Abfolge von Nervenimpulsen. Wie also schafft unser Gehirn eine komplette Tanznummer? Im Jahr 2006 bat ein Forschungsteam am Health Science Center der Universität Texas in San Antonio Amateur-Tangotänzer, einen Grundschritt, eine sogenannte *Box*, auszuführen, während sie in einem PET-Scanner (Positronen-Emissions-Tomographie) lagen.[11] Tangotanzen in einem

Hirn-Scanner geht folgendermaßen: Die Person liegt vollkommen flach auf dem Rücken, der Kopf wird durch eine Thermoplastmaske fixiert. Über eine Kanüle im Arm wird eine radioaktive Substanz in die Blutbahn injiziert, damit das Forschungsteam die Hirnaktivität messen kann. Mit um 90 Grad angewinkelten Knien und in Socken bewegt die Person ihre Füße auf einer schrägen, rutschigen Oberfläche in einem tangoartigen Muster. Sie darf keinen anderen Körperteil bewegen. Auf den Scans sahen die Forscherinnen und Forscher eine Aktivierung in einer Hirnregion, die mit räumlicher Wahrnehmung verbunden ist, dem Precuneus. Sie glauben, dass dieses Hirnareal eine Karte der Positionierung unseres Körpers im Raum erstellt, die uns hilft, den Überblick über unseren Rumpf und unsere herumfuchtelnden Gliedmaßen zu behalten, während wir unseren Weg über die Tanzfläche planen.

Natürlich gehört zum Tanzen tendenziell auch Musik. Bei einem Vergleich der Hirnscans der Tangotänzer mit und ohne Musik fiel dem Forschungsteam auf, dass diejenigen, die sich zu Musik bewegten, eine höhere Aktivität in einer bestimmten Region des Kleinhirns aufwiesen, dem sogenannten vorderen Vermis (Wurm), der Input vom Rückenmark erhält. Es könnte sein, dass diese Hirnregion als eine Art neurologisches Metronom fungiert, das unsere verschiedenen Hirnregionen koordiniert und uns hilft, im Takt zu bleiben.

Tanzen stimuliert die Verbindung zwischen Körper und Gehirn. Tatsächlich bietet es eine vollständige Gehirn- und Ganzkörpermassage! Aus dem motorischen Areal des Gehirns werden Signale an Nerven, Muskeln und Gelenke übertragen, und auch der sich bewegende Körper sendet

Signale an verschiedene Hirnregionen und erzeugt Aktivität sowohl tief unten im Kern des Nervensystems als auch in der äußeren Hirnschicht, dem Neocortex.

Ich erinnere mich, dass ich 1982 eine Stunde vor meiner Fahrprüfung im Wohnzimmer meiner Eltern zu „Freebird" von Lynyrd Skynyrd getanzt habe. Das ist eine Hardrock-Hymne, die sich dann zu einem atemberaubenden, schweißtreibenden, anstrengenden Headbanging-Crescendo steigert. Während ich Kopf und Glieder zu der Musik durchschüttelte, sammelte ich die ganze Anspannung aus meinen verschiedenen Körperteilen und entließ sie in einer wahren Energie-Explosion. Bei meiner Fahrprüfung war ich voll da: Wenden in drei Zügen – nichts leichter als das, Vollbremsung auf einer briefmarkenkleinen Fläche, und sichere Bremswege, all dies wiederholt und in Perfektion. „Freebird" hatte die Regionen meines Gehirns aktiviert, die ich zum Fahren und zum Erkennen von Verkehrsschildern brauchte: Raumbewusstsein, visuelle Wahrnehmung, Sequenzierung und Gedächtnis. Im Wohnzimmer meiner Eltern herumzutanzen, hatte mich wachgerüttelt und mir geholfen, meine Führerscheinprüfung zu bestehen.

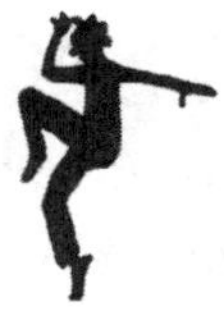

Beim Tanzen gibt es drei Kernelemente, die die Kreativität des Gehirns anregen. Erstens erhöht Tanzen die Herzfrequenz und sorgt dafür, dass Blut durch die Arterien gepumpt wird; zweitens verändert es die Art und Weise, wie wir uns bewegen; drittens verändert es die Beziehung zu unserer physischen Umgebung. In diesem Kapitel werde ich zeigen, wie diese drei Elemente unsere kognitiven Bahnen aktivieren und damit verändern können, wie wir denken, Probleme lösen und Risiken eingehen, und wie sie außerdem Raumbewusstsein und geistige Beweglichkeit erhöhen.

Bevor wir loslegen, wollen wir das Konzept der „Kreativität" auseinandernehmen. Für ein Wort, das so inflationär verwendet wird, kann das schwer zu bestimmen sein. Wie kreativ sind Sie? Ist Kreativität messbar? Im eigentlichen Sinne wahrscheinlich nicht, aber es gibt Standard-Messmethoden, die unter anderem bei psychologischen Einstellungstests angewendet werden und die zumindest zeigen können, wie der kreative Prozess funktioniert. Eine davon habe ich hier aufgenommen; es handelt sich um eine kleine Situationslösungs-Übung, den sogenannten *Torrance Test of Creative Thinking*. Er definiert den kreativen Prozess als aus vier grundlegenden Komponenten bestehend: Flüssigkeit, Flexibilität, Originalität und Ausarbeitung. Versuchen Sie es mal!

Die Situation: Bobby hat sich auf den Weg zur Schule gemacht, ist aber nie dort angekommen.

Die Lösung: Schreiben Sie innerhalb von drei Minuten möglichst viele Gründe auf, warum Bobby nicht in der Schule angekommen ist.

Hier ein paar Gründe, die mir eingefallen sind:

Bobby hat sich verliebt, und die beiden haben beschlossen, die Schule zu schwänzen und den Tag im Park zu verbringen.

Bobby wurde von einem Bus überfahren.

Bobby wurde von einem Auto überfahren.

Bobby war ein Hund, der jeden Tag mit seiner Besitzerin und ihrem Kind zur Schule ging. Bobby sah eine Katze. Er zog an der Leine, diese riss, und er jagte die Katze um den Dorfteich. Seine Besitzerin war stinksauer. Sie gab ihr Kind einer Freundin mit, die es zur Schule brachte, und rief die nächsten 20 Minuten nach Bobby. Als sie ihn wieder bei der Leine zu fassen bekam, war er vollkommen durchnässt, und sie brachte ihn schnurstracks nach Hause. Deshalb ist Bobby nicht in der Schule angekommen.

Bobby und sein Vater fuhren durch den Schnee zur Schule. Da hörten sie im Radio, dass wegen des Schnees alle Schulen geschlossen blieben. Also drehten sie um und fuhren wieder nach Hause.

Untersuchen wir nun die Ergebnisse und finden wir heraus, wie kreativ Sie sind. Zählen Sie zunächst, wie viele Gründe Ihnen eingefallen sind. Dies ist Ihr Flüssigkeits-Wert. Ich habe in kreativer Flüssigkeit 5 Punkte erzielt. Zählen Sie für den Flexibilitäts-Wert, wie viele verschiedenartige Antworten Sie gegeben haben. Ich habe mir vier verschiedenartige Antworten ausgedacht, weil Antwort 2 und 3 im Grunde gleich sind – er wurde von etwas überfahren. Überlegen Sie dann, wie originell Ihre Antworten sind, d. h. wie einzigartig Ihre Antworten im Vergleich dazu sind, wie Ihrer Meinung nach die meisten Menschen antworten würden. Von meinen fünf Antworten würde ich sagen, dass drei als originell gelten könnten – die Idee, dass Bobby sich verliebt hat, dass er ein Hund war, und dass er durch den Schnee zur Schule fuhr, würde anderen wahrscheinlich nicht sofort einfallen. Dagegen würden vermutlich sehr viele sagen, dass Bobby von etwas überfahren wurde, weil ich davon ausgehe, dass Menschen sich Sorgen um die Verkehrssicherheit kleiner Kinder machen. Um schließlich Ihren Wert für kreative Ausarbeitung zu ermitteln, geben Sie jeder Antwort Punkte für Komplexität, wobei der Höchstwert bei 10 liegt. Meine komplexeste Antwort ist Nummer 4, weil ich sehr detailliert ausführe, dass Bobby ein Hund ist und die Geschichte zahlreiche Elemente enthält.

Werden wir kreativ!

Wenn wir uns bewegen und unser Herz auf Touren bringen, lösen wir eine komplexe Kette biologischer Ereignisse aus, die unser Denken und unsere Art Probleme zu lösen, grundlegend verändern können. Als Erstes erhöht sich die Geschwindigkeit, mit der das Blut durch unseren Körper gepumpt wird. Das ist wichtig, weil ein großer Teil dieses Blutes, zwischen 15 und 20 Prozent, ins Gehirn fließt – eine lebenswichtige Regelung, denn ohne den Sauerstoff, den das Blut ihnen zuführt, sterben die Gehirnzellen ab. Blut ist wie ein Güterzug, der Dinge ins Gehirn hinein und aus dem Gehirn heraus transportiert. Außer Sauerstoff führt es dem Gehirn Kohlenhydrate, Aminosäuren, Fette, Hormone und Vitamine zu und transportiert Kohlendioxid, Ammoniak, Laktat und Hormone ab.

Das dynamische Gehirn ist der Ort, an dem wir denken, und dass unser Gehirn effektiv funktionieren kann, beruht auf der Veränderung einer Vielzahl molekularer, vaskulärer und zellulärer Strukturen. Sport zum Beispiel führt nachweislich zu einer Erhöhung der Produktion von Proteinen wie etwa des Wachstumsfaktors BDNF (brain-derived neurotrophic factor, aus dem Gehirn stammender neurotropher Faktor) sowie von Hormonen und Neurotransmittern wie den insulinähnlichen Wachstumsfaktoren sowie Dopamin und Serotonin. Serotonin gilt als das Glückshormon, weil eine vermehrte Ausschüttung die Menschen glücklicher machen kann.

Dieser erstaunliche Prozess spielt sich etwa folgendermaßen ab: Wir bewegen uns, unser Herz schlägt schneller, unser Gehirn wird wachgerüttelt, und wir fühlen uns gut. Aber das ist noch nicht alles. Tanzen ist anders als klassische Ausdauersportarten wie etwa das Radeln auf einem Hometrainer oder das Laufen auf einem Laufband. Wenn wir tanzen, stimulieren wir auch die Hirnareale, die für eine ganze Reihe geistiger Aktivitäten zuständig sind, etwa Raumbewusstsein, Gedächtnis, Wahrnehmung, Lernen und zwischenmenschliche Kooperation. Die Stimulierung dieses komplexen und komplizierten fein verzweigten Netzwerks unterstützt den außergewöhnlichen Zusammenhang zwischen Bewegung und superscharfem Denken.

Forschungsteams auf der ganzen Welt untersuchen seit Jahrzehnten die Verbindungen zwischen Bewegung, neurokognitiven Funktionen und Kreativität. Dabei haben sie erstaunliche Entdeckungen gemacht. Mehr noch, diese Entdeckungen lassen sich in unserem Alltag ganz einfach umsetzen, damit wir alle ein bisschen kreativer werden.

Eine Studie mit Studierenden am Rhode Island College in den USA ergab, dass eine spürbare Erhöhung der Herzfrequenz der erste Schritt ist, die eigene kreative Flexibilität auf Touren zu bringen (d. h. die Fähigkeit, sich für ein bestimmtes Problem viele unterschiedliche Lösungsarten auszudenken).[12] Die Studierenden mussten dreimal einen Kreativitätstest machen: Einmal nach keinerlei körperlicher Aktivität, einmal unmittelbar nach einem 30-minütigen Ausdauertraining und einmal mehr als zwei Stunden nach dem Training. Das Forschungsteam stellte fest, dass die Leute nach dem Nichtstun nicht sehr kreativ waren. Unmittelbar nach einem 30-minütigen Training waren sie jedoch superkreativ. Erstaunlicherweise waren sie auch noch superkreativ, wenn sie den Test zwei Stunden nach dem Training absolvierten, als sich ihre Herzfrequenz wieder normalisiert hatte.

Wenn Sie sich etwas ausdenken müssen, bei dem Ihre Kreativität gefragt ist, wenn Sie also zum Beispiel eine ganze Reihe fantasievoller Weihnachtsgeschenke für Ihre zahlreiche Verwandtschaft finden müssen, dann ist der beste Moment, eine Liste dafür anzufertigen, innerhalb von zwei Stunden, nachdem Sie Ihre Herzfrequenz auf Touren gebracht haben.

Im ersten Kapitel habe ich geschrieben, wie anders sich das Stillsitzen im Klassenzimmer im Gegensatz zu der freien Bewegung im Schauspiel- und Tanzstudio angefühlt hat. Ich habe Ihnen erzählt, dass ich nie für klug genug befunden wurde, um zu den Prüfungen in Geographie oder Geschichte zugelassen zu werden. Interessanterweise nahm sich eine Studie, die in London, keine 30 Kilometer von meiner alten Schule entfernt durchgeführt wurde, den Kontrast zwischen Geographie und Tanz zur Grundlage für eine wissenschaftliche Untersuchung über Stimmung und

Kreativität. Das Forschungsteam maß Stimmung und Kreativität von Leuten, nachdem sie ein Video über die Archäologie des Lake District angeschaut, und erneut, nachdem sie an einer Aerobic-Tanz-Session teilgenommen hatten.[13] Die Ergebnisse bildeten exakt die Erlebnisse meiner Schulzeit als Jugendlicher ab: Nach dem Tanzen waren die Leute besserer Stimmung und kreativer als nach dem Videoschauen.

Wenn Sie Ihr Gehirn abschalten und sich emotional neutral fühlen wollen, dann ist es offenbar genau das Richtige, vor dem Fernseher abzuhängen und Dokus über Felsformationen anzuschauen. Wenn Sie sich aber lieber etwas kreativer und besser fühlen möchten, dann gilt (um mit dem Titel einer Kindersendung aus den 1970er Jahren im britischen Fernsehen zu reden): *Warum ziehen Sie Ihrer Unterhaltungs-Elektronik nicht einfach den Stecker und machen stattdessen lieber etwas weniger Langweiliges* (wie Tanzen)![14]

Problemlösen

Nicht alles Denken ist gleich, genau wie auch nicht alle Bewegung gleich ist. In meinem Forschungslabor habe ich festgestellt, dass verschiedene Arten körperlicher Bewegung sich unterschiedlich auf unsere Denk- und Problemlösungsfähigkeiten auswirken.

So gibt es zum Beispiel Probleme, auf die es nur eine einzige richtige Antwort gibt, und sobald Sie diese Antwort haben, ist es erledigt: Sie sind zur Lösung gelangt. Dies sind die sogenannten „Single-Answer-Problems", und sie erfordern „konvergentes" Denken. Dann gibt es Probleme mit möglicherweise Hunderten richtiger Antworten. Diese „Multiple-Answer-Problems" erfordern „divergentes" Denken.

Beispiele für Fragen mit nur einer richtigen Antwort und konvergentes Denken

Frage: Wie heißt die Hauptstadt von Frankreich?

Frage: Wie viel ist 43 x 9?

Nur weil es auf eine Frage nur *eine* Antwort gibt, heißt dies nicht, dass es nur eine Art des Denkens gibt, um diese Antwort zu finden. Manche Fragen mit einer einzigen Antwort erfordern mehrere mentale Schritte, um die Lösung zu erarbeiten. Überlegen wir einmal, wie Sie die Lösung zu 43 x 9 herausgefunden haben.

Manche Menschen gehen mit folgenden Schritten vor:

Schritt 1: 43 x 10 = 430
Schritt 2: 430–43 = 387

Andere Menschen wählen einen anderen Lösungsweg:

Schritt 1: 3 x 9 = 27
Schritt 2: 40 x 9 = 360
Schritt 3: 27 + 360 = 387

Ganz gleich, welchen Rechenweg Sie wählen, Sie finden die Antwort über mehrere einzelne Schritte. Diese Art des konvergenten Denkens verwenden wir für die Lösung von Alltagsproblemen, etwa wenn wir eine Schritt-für-Schritt-Anleitung für ein Rezept befolgen oder eine Glühbirne wechseln.

Beispiele für „Multiple-Answer-Problems" und divergentes Denken

> Frage: Inwiefern wäre Ihr Leben anders, wenn Sie ein prächtiges Pfauengefieder hätten, mit dem Sie ein Rad schlagen könnten?
>
> Frage: Wie viele Möglichkeiten gibt es, Ihr momentanes Bewegungsprogramm zu verändern, damit Sie einen gesünderen Lebensstil entwickeln?

Dies sind Fragen mit vielen richtigen Antworten und nicht nur einer. Fallen Ihnen mindestens sieben alternative Verwendungsmöglichkeiten für einen ganz normalen Ziegelstein ein? Als alternative Verwendungsmöglichkeit wird eine Verwendungsweise eines Gegenstands bezeichnet, für die er nie gedacht war. Manchen Menschen fällt diese Aufgabe richtig schwer. Meist fallen den Leuten nur drei oder vier alternative Verwendungsmöglichkeiten ein, dann bleiben sie stecken.

Bei dieser Art der Problemlösung kommt divergentes Denken zum Einsatz, weil Sie nicht in Schubladen denken dürfen; Sie müssen vom Bekannten oder Erwarteten abweichen, divergieren. Von den Hunderten alternativer Verwendungsmöglichkeiten für einen Ziegelstein, die ich gehört habe, sind mir zwei besonders im Gedächtnis geblieben: eine Warze von der Haut abschleifen und umgedreht als Aschenbecher benutzen.

Mit Carine Lewis, einer meiner ehemaligen Doktorandinnen, habe ich in unserem Labor ein Experiment zur

Untersuchung der Verbindung zwischen Tanzen und Problemlösen entwickelt.[15] Zunächst baten wir die teilnehmenden Personen, mehrere Testbögen zu divergentem und konvergentem Denken auszufüllen. Die Tests waren visuell, numerisch und sprachbasiert.

Anschließend teilten wir die Teilnehmenden in zwei Gruppen auf und baten sie, zwei verschiedene Lernvideos anzusehen und nach deren Anleitung zu tanzen. Im ersten Video wird eine strukturierte Schrittfolge unterrichtet. Für dieses Video wurde ich dabei gefilmt, wie ich eine Reihe von einfachen, auf den regelmäßigen Takt der Musik abgestimmten Bewegungen ausführe, die die Teilnehmenden dann nachmachen sollten. Das zweite Video ist ein improvisierter Tanzkurs. Darin bitte ich die Zuschauerinnen und Zuschauer, sich auf einen Teil ihres Körpers zu konzentrieren, zum Beispiel auf ihre Arme, und meine improvisierten Armbewegungen nachzumachen. Dann höre ich selbst auf mich zu bewegen, bitte aber die Teilnehmenden, mit ihren improvisierten Tanzbewegungen fortzufahren, bis ich ihnen sage, sie sollen einen anderen Körperteil bewegen oder in einem anderen Stil tanzen – wie ein Roboter zum Beispiel oder wie Blätter, die im Wind treiben, oder wie ein Hardrocker.

Im zweiten Teil der Studie baten wir beide Gruppen, eine weitere Reihe kognitiver Problemlösungstests auszufüllen. Bei der Analyse der Ergebnisse stellten wir fest, dass die Leute, die zu dem strukturierten Tanzvideo getanzt hatten, Aufgaben, die konvergentes Denken erforderten, danach schneller lösen konnten. Ein Test war eine lexikalische Entscheidungsaufgabe. Dabei wurde den Teilnehmenden eine Buchstabenfolge vorgelegt, zum Beispiel „FAMERY“, und durch Drücken einer bestimmten Taste auf einer Computer-Tastatur mussten sie angeben, ob sie diese Buchstabenfolge für ein echtes Wort oder ein Nicht-Wort hielten. Sie wurden angehalten, dies so schnell wie möglich zu tun. Mit dieser Aufgabe wird gemessen, wie schnell Menschen visuell präsentierte Wörter mental verarbeiten können. Wir stellten fest, dass sich die Gedankenverarbeitung der Teilnehmenden nach zwanzig Minuten strukturierten Tanzens beschleunigt hatte, ohne an Genauigkeit einzubüßen. Eine Verbesserung ihres divergenten oder „kreativen" Denkens trat allerdings nicht ein.

Bei den Personen, die zwanzig Minuten Improvisationstanz absolviert hatten, gab es keinen Anstieg ihrer Denkgeschwindigkeit, aber sie wurden kreativer bei ihren Antworten auf Fragen, die divergentes Denken erforderten. So waren den Teilnehmenden zum Beispiel vor dem Tanzen ungefähr vier oder fünf alternative Verwendungsmöglichkeiten für einen gewöhnlichen Gegenstand wie einen Ziegelstein oder eine Zeitung eingefallen, nach dem Tanzen waren es aber sieben oder acht. Dies ist eine Steigerung des Outputs um fast hundert Prozent.

Wir sind in unserem hektischen Leben so sehr in unseren festen Verhaltens-, Bewegungs- und Denkmustern gefangen, dass es manchmal schwerfällt, spontan zu sein. Verstehen Sie mich nicht falsch: Festgelegte Denkmuster sind durchaus nützlich. Durch sie können wir vorhersagen, was wir sehen oder hören werden, sie leiten uns an, wie wir uns zu verhalten haben, wenn wir uns an einen neuen Ort begeben, und sie können uns helfen, bei der Verarbeitung von Informationen aus unserer Umgebung Unklarheiten aufzulösen. Festgelegte Denkmuster entwickeln sich mit der Erfahrung; wir bauen sie im Laufe unseres Lebens auf, damit wir effizienter handeln können.

Hier ein Beispiel: Stellen Sie sich vor, sie sprechen mit einem Bekannten am Telefon, und die Verbindung ist schlecht. Selbst wenn Sie nur Teile des Gesagten hören können, können Sie sich den Sinn der Worte wahrscheinlich aus dem Kontext des Gesprächs und Ihrer Kenntnis der Person zusammenreimen. In dieser Situation nutzen Sie festgelegte Denkmuster, um Lückenhaftes zu vereindeutigen oder fehlende Informationen zu ergänzen.

Das Denken auf Autopilot hat allerdings auch seine Nachteile. Es kann dazu führen, dass wir etwas komplett missverstehen. In unseren eingefahrenen Denkgleisen fällt es uns schwer, kreativ zu sein und neue Informationen zu verarbeiten, die nicht in ein erkennbares, vorgegebenes Muster fallen. Verändern Sie aber die Art und Weise, wie Sie sich bewegen, verändern Sie damit auch die Art und Weise, wie Sie denken. Improvisationstanz rüttelt unsere vorgegebenen Verhaltensmuster durch, was uns wiederum hilft, uns aus vorgegebenen Denkmustern zu lösen. An späterer Stelle in diesem Kapitel werden wir uns damit beschäftigen, wie Improvisation zu diesem Zweck genutzt werden kann.

Memorieren

Wie merken sich Tänzerinnen und Tänzer Tanznummern? Stellen Sie sich vor, Sie müssten die folgende Schrittsequenz vom Blatt lernen, oder, noch besser, versuchen Sie mal, sie mit Ihrem Körper zu erlernen:

Stehen Sie in einer frontalen Position.

Beginnen Sie mit geschlossenen Füßen.

Machen Sie mit dem rechten Fuß einen Seitschritt nach rechts.

Machen Sie mit dem linken Fuß einen Seitschritt nach rechts und kreuzen Sie dabei den linken Fuß vor dem rechten.

Machen Sie mit dem rechten Fuß einen Seitschritt nach rechts.

Tappen Sie mit dem linken Fuß neben dem rechten auf dem Boden auf.

Machen Sie mit dem linken Fuß einen Seitschritt nach links.

Machen Sie mit dem rechten Fuß einen Seitschritt nach links und kreuzen Sie dabei den rechten Fuß vor dem linken.

Machen Sie mit dem linken Fuß einen Seitschritt nach links.

Tappen Sie mit dem rechten Fuß neben dem linken auf dem Boden auf.

Wiederholen Sie diese Folge mehrmals.

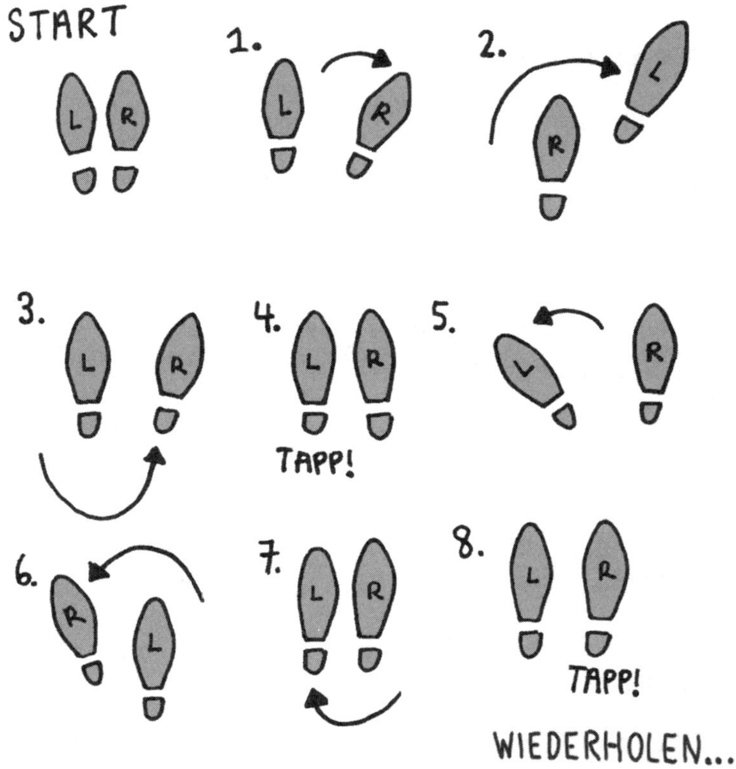

Ohne Vorkenntnisse im Tanzen könnte diese kleine Folge schwer zu erlernen sein. Wenn Sie allerdings schon einmal Linedance oder irgendeine andere Form von Reihentanz getanzt haben, werden Sie sie als „Kreuzschritt" kennen. Sie wird in Ihrem Kopf als „den Kreuzschritt tanzen" kodiert. Als derart verdichtete Information nimmt sie weniger Platz ein und gibt Ihrem Gedächtnis mehr Gelegenheit, Anderes zu denken (und zu lernen).

Die Namen von Bewegungsfolgen zu kennen, kann Ihre Fähigkeit, Tanznummern zu erlernen und sich zu merken, radikal verbessern. Dieser sogenannte „Familiaritätseffekt" kann auch genutzt werden, um unterschiedliche Tanzstile zu erlernen. Wenn Sie mit der „Körpersprache“ eines bestimmten Tanzstils vertraut werden, sollte sich Ihre Fähigkeit, ihn zu erlernen und auszuführen, verbessern. Lassen Sie sich nicht entmutigen, wenn Sie versuchen, einen neuen Tanz zu erlernen und es Ihnen schwerfällt, Bewegungsfolgen zu erfassen – dies ist verständlich, selbst wenn Sie einen anderen Stil bereits perfekt beherrschen. Top-Tipp: Wenn es niemanden gibt, der Ihnen die Namen bestimmter Tanzschritte verrät oder wenn Ihnen der Name, der Ihnen genannt wird, überhaupt nichts sagt (als ich Wiener Walzer gelernt habe, war ich völlig perplex, als ich zum ersten Mal vom „Linksfleckerl“ hörte), dann erfinden Sie einfach selbst einen; so wird es wesentlich leichter, sie sich zu merken.

Tänzerinnen und Tänzer in kommerziellen Shows müssen eine Choreographie sehr schnell erlernen. Ein Choreograph zeigt die Bewegungen, und die Tänzerinnen und Tänzer müssen sie einfach durch Zuschauen und Wiederholen des Vorgetanzten lernen. Dabei werden sie entweder vom Choreographen oder von Assistentinnen und Assistenten korrigiert. Während dieses Prozesses schreiben sich die Tänzerinnen und Tänzer sehr wahrscheinlich nicht auf, was sie lernen müssen; sie verlassen sich auf ihr visuelles Gedächtnis, auf das, was sie in der Vergangenheit gelernt haben und was ihnen aus jahrelangem Training vertraut ist. Die Ballerina Natalia Makarova hat es so ausgedrückt: „Tänzerinnen sind darauf trainiert, Tänze zu ‚essen‘ – sie sich einzuverleiben und zu einem Teil ihrer selbst zu machen. Dies sind körperliche Erinnerungen; wenn Tänzerinnen einen Tanz kennen, dann kennen sie ihn in ihren Muskeln und Knochen."

Zuerst müssen sie sich die Bewegungen des Körpers einprägen. Diese lassen sich unterteilen in grobmotorische Bewegungen, etwa die großen Gesten mit den Gliedmaßen, und die feinmotorischen Bewegungen mit Händen und Fingern, Gesichtsausdruck, verschiedene Körperhaltungen und Spannungen, die an verschiedenen Körperstellen gehalten oder gelöst werden. Die Tänzerinnen und Tänzer müssen sich außerdem Dutzende weiterer Informationen merken, zum Beispiel Auf- und Abtritte, die auf dem Boden aufgezeichneten Muster und ihre Position im Verhältnis zu den anderen Tänzerinnen und Tänzern. Sie müssen lernen, wie sie mit anderen Personen auf der Bühne zu interagieren haben, damit ihre Bewegungen räumlich und zeitlich koordiniert erfolgen. Darüber hinaus müssen sie die Musik sowie den emotionalen Inhalt eines Stückes erlernen, und normalerweise wird von ihnen erwartet, dass sie all dies ausstrahlen, wenn sie in die Persönlichkeit einer Figur schlüpfen. Wie Sie sehen können, haben die Bewegungen also vielschichtige Feinheiten, und von Tänzerinnen und Tänzern wird erwartet, dass sie alle ohne die Hilfe einer schriftlichen Partitur erlernen.

Ich liebe es, *Strictly Come Dancing* in der BBC zu schauen und *Dancing with the Stars,* wenn ich in den USA bin (in Deutschland *Let's Dance,* in Österreich *Dancing Stars,* in der Schweiz *„Darf ich bitten?"*, Anm. d. Ü.), und zwar ebenso sehr wegen der extremen gedanklichen Verarbeitungsleistung, die die Tänzerinnen und Tänzer erbringen, wie wegen der großartigen Darbietungen. Oft denke ich, wenn wir nur sehen könnten, welche komplexen Aktivitäten sich in ihrem Gehirn abspielen, würden wir ihnen noch zehnmal lauter applaudieren.

Um Ihnen eine Vorstellung davon zu vermitteln, was für eine Herausforderung diese Sendungen sind, stellen Sie sich eine Situation vor, in der Sie jede Woche eine neue Sprache erlernen müssen, zum Beispiel in der ersten Woche Mandarin, in der zweiten Russisch, in der dritten Spanisch und so weiter. Anschließend werden Sie jedes Mal vor acht Millionen Zuschauerinnen und Zuschauern und einer Jury aus Linguistik-Expertinnen und Experten in Ihrer Konversationskompetenz in der jeweiligen Sprache geprüft. Genau dies müssen alle leisten, die an diesen Wettbewerben teilnehmen. Sie erlernen zwar keine neue gesprochene Sprache, aber eine neue Bewegungssprache.

Um bei der Sprachmetapher zu bleiben: Die Teilnehmenden müssen in einem sehr kurzen Zeitraum nicht nur die Schritte und Bewegungen – d. h. Vokabeln und Satzbau –, sondern die Sprache auch sprechen lernen. Sie müssen lernen, ihren Körper dazu zu bringen, die Worte „auszusprechen“, die Verben zu konjugieren, die richtigen Idiome zu verwenden, um auszudrücken, was sie sagen wollen …

Es sind übrigens nicht nur die Prominenten, deren Gehirne bei diesen Tanzshows Überstunden machen. Auch die Profi-Tänzerinnen und Tänzer bekommen manchmal ein extremes mentales Workout. Im November 2019 zog sich Neil Jones, einer der Profi-Tänzer, unmittelbar vor der Liveshow eine Knieverletzung zu. Was für ein Alptraum – nun ja, es war eben das Halloween-Special! Aber in einer Szene, die an das Musical *42nd Street* erinnert, als der Star sich verletzt und eine Ensembletänzerin einspringt, die Lage rettet und die Vorstellung ihres Lebens abliefert, trat Kevin Clifton, ein anderer Profitänzer an seine Stelle. Er lernte Neils Tanzfolge in einer knappen Dreiviertelstunde, ging dann auf die Bühne und gab mit ein wenig Hilfe von seiner Promi-Partnerin Alex Scott eine nahezu perfekte Vorstellung. Was für ein Star!

Kevin Clifton sprang ein und rettete die Lage. Natürlich fiel es Kevin als Profi leichter, den ganzen Tanz in einer Dreiviertelstunde zu erlernen, als einem weniger erfahrenen Tänzer, weil Kevin mit der Sprache des Tanzens viel vertrauter ist.

Wenn Sie Tanzbewegungen wie ein Profi lernen wollen, gibt es zwei Techniken, mit deren Hilfe Sie Ihre Merkfähigkeit verbessern können: Markieren und Schlafen.

Markieren ist eine Technik, die Tänzerinnen und Tänzer anwenden, um die Abfolge von Tanzbewegungen leichter erlernen und proben zu können. Es ist das Gegenteil von „voll austanzen". Voll austanzen bedeutet, alles genau so zu machen, wie es sein sollte; zur vollen Höhe zu springen, so viele Pirouetten zu drehen wie verlangt und die Gliedmaßen ganz auszustrecken. Beim Markieren werden die Bewegungen kleiner und energiesparender ausgeführt, oder es wird eine Bewegungsfolge durch eine andere ersetzt. Zum Beispiel modellieren Tänzerinnen und Tänzer eine Übung häufig mit den Händen, bevor sie sie mit Füßen und Beinen voll austanzen.

Markieren kann eine nützliche Energiespartechnik sein, damit eine Tänzerin oder ein Tänzer mehrstündige Proben übersteht, ohne körperlich völlig erschöpft zu sein. Es gibt auch Hinweise darauf, dass Markieren beim Erlernen von Tanzfolgen helfen kann, weil es weniger Denkanstrengung erfordert als etwas voll auszutanzen, sodass etwas Denkkapazität übrigbleibt, um andere Aspekte des Tanzes zu lernen und sich einzuprägen.[16]

Was hat es mit diesen anderen Aspekten des Tanzes auf sich? Ein paar neue Schritte zu lernen, ist das eine. Aber wie bringen wir den Körper dazu, sie auszuführen? Wie kontrollieren wir die verschiedenen Körperteile und bewegen sie selektiv? Vielleicht ist Ihnen schon aufgefallen, dass die Jury-Mitglieder in Sendungen wie *Let's Dance* häufig erwähnen, wie wichtig es für die Tänzerinnen und Tänzer ist, die obere und untere Körperhälfte voneinander zu trennen, sodass ein Teil ruhig bleibt, während der andere sich bewegt. In der Sprache des Tanzes heißt dies Isolation, und in der Sprache des Gehirns bedeutet es, in der Lage zu sein, die Aktivierung in einem Teil des Gehirns zu zügeln, während man sie in einem anderen erhöht.

Um nachzufühlen, wovon ich spreche, konzentrieren Sie sich beim Gehen einmal darauf, welche Körperteile sich bewegen. Suchen Sie sich dann einen Körperteil aus, etwa einen Arm, und gehen Sie weiter, halten diesen Körperteil aber vollkommen still. Wie fühlt sich das an? Versuchen Sie jetzt das Gleiche noch einmal und nehmen Sie einen weiteren Körperteil hinzu. Bewegen Sie diesen beim Gehen langsamer oder schneller als normal. Nehmen wir an, Sie entscheiden sich dafür, mit dem Kopf zu nicken. Jetzt gehen Sie also ganz normal mit den Beinen, halten einen Arm vollkommen still und nicken mit dem Kopf. Wie fühlt sich das an? Sie sollten sich so wie eine Tänzerin oder ein Tänzer fühlen. Körperteile differenziert zu steuern, gehört zu den außergewöhnlichen Dingen, die Tänzerinnen und Tänzer zu beherrschen lernen. Dies alles spielt sich im motorischen Bereich des Gehirns ab.

Der motorische Bereich des Gehirns verläuft in einem Streifen vom Scheitelpunkt Ihres Kopfes bis hinunter zu den Ohren. Jeder Abschnitt steuert die Bewegung eines ande-

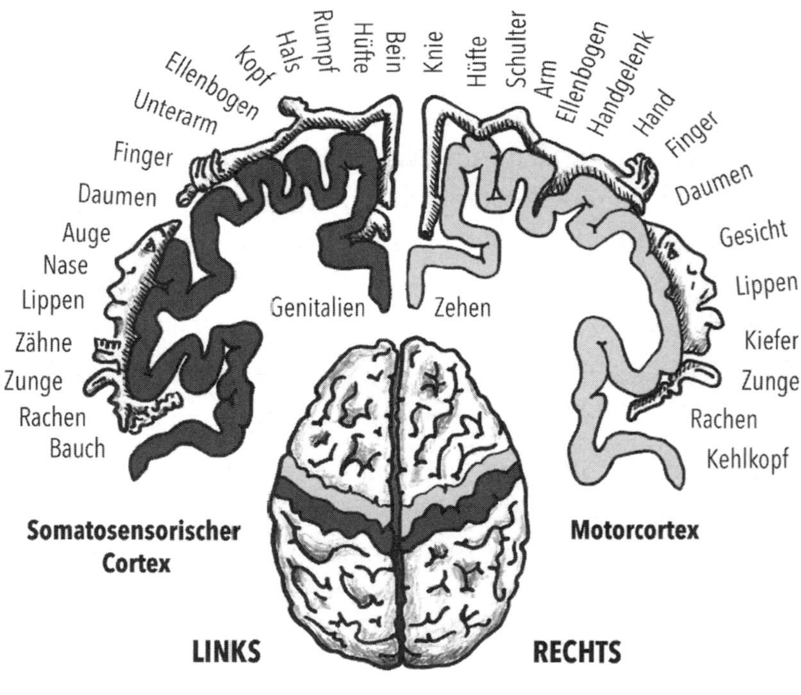

Neurologische „Karte" der Areale des menschlichen Gehirns, die für die Verarbeitung motorischer oder sensorischer Funktionen verschiedener Körperteile zuständig sind. Beachten Sie, dass die Größe eines Bereichs nicht mit der Größe der entsprechenden Körperregion, sondern mit der Komplexität der Bewegungen zusammenhängt, die diese ausführen kann.

ren Körperteils, von den Zehen bis zu den Lippen. Manche Körperteile sind leichter zu steuern als andere, weil sie größere Bereiche des Motorcortex beanspruchen. So ist die Bewegung unserer Hände und Finger im Sinne der motorischen Funktion wichtiger als die unserer Hüften und unseres Rumpfes.

Als Tänzerinnen und Tänzer müssen wir die im motorischen Bereich angelegten Einschränkungen überwinden und alle Körperteile gleichermaßen kontrollieren können. Wenn Sie Lindy-Hopper sind, dann lernen Sie ein bisschen Kathak, und wenn Sie passionierte Ballettratte sind, dann probieren Sie einmal aus, wie es sich anfühlt, ein wenig Hoedown zu lernen.

Tun Sie dies außerdem im Idealfall nicht morgens oder abends, sondern vor dem Schlafengehen! Womit wir bei der zweiten Technik zur Verbesserung der Gedächtnisleistung wären. Die Wissenschaft ist sich einig, dass die beste Zeit zum Erlernen einer neuen Tanzfolge, ja zum Erlernen von allem, die Zeit unmittelbar vor dem Schlafengehen ist.

Dies liegt daran, dass das Gehirn im Schlaf neue Wissensstrukturen, sogenannte „Schemata“ aufbaut. Eben diese Strukturen stützen unsere Fähigkeit zum Lernen und Erinnern von Informationen.

Im Jahr 2002 interessierte sich ein wissenschaftliches Team am Laboratory of Neuroscience der Harvard Medical School speziell für diese Idee und beschloss daher, die Wirkung des Schlafens auf unser menschliches Bewegungsgedächtnis zu erforschen.[17] Sie brachten Leuten einen Fingertanz bei – eine Bewegungsfolge mit nur einem Finger – und werteten dann aus, wie gut sie diesen zwölf Stunden später noch erinnern konnten. Die Ergebnisse waren erstaunlich. Die Personen, die den Tanz lernten und dann schliefen, bevor sie getestet wurden, führten ihn wesentlich besser aus, als diejenigen, die ihn erlernten und dann bis zum Test wach blieben. Noch bemerkenswerter ist sogar, dass es keine Rolle spielt, wann Sie schlafen – Sie erreichen immer die gleiche Leistungssteigerung, selbst wenn Sie etwas lernen und dann den ganzen Tag warten, bis Sie ins Bett gehen. Das Wichtige ist, dass die Leistungssteigerung eintritt, *nachdem* Sie geschlafen haben. Wenn Sie jemals in die Situation kommen, dass Sie eine Abfolge von Körperbewegungen lernen müssen, dann haben Sie Geduld mit sich und schlafen Sie. Wenn Sie aufwachen, hat Ihr Gehirn die Bewegungen konsolidiert, und Ihre Leistung wird besser.

Man nimmt an, dass die Konsolidierung im Gedächtnis durch die Kommunikation zwischen verschiedenen Hirnarealen, insbesondere zwischen Hippocampus und Neocortex, ermöglicht wird. Der Hippocampus beherbergt das Kurzzeitgedächtnis; hier verarbeiten wir neue Informationen oder Informationen, über die wir gerade nachdenken. Neue Informationen müssen in die Strukturen unseres Langzeitgedächtnisses integriert werden, damit wir sie behalten können. Dies geschieht im Neocortex, der äußeren Schicht des Gehirns. Obwohl Informationen recht schnell aus dem Kurzzeit- oder Arbeitsgedächtnis verschwinden, kann die Konsolidierung im Langzeitgedächtnis sie ein Leben lang erhalten.

Ich kann heute noch Tanznummern erinnern, die ich als Jugendlicher erlernt habe. Dies liegt daran, dass alle Informationen über diese Tanznummern in meinen Langzeit-Wissensstrukturen konsolidiert wurden.

Parkinson

Eine der verblüffendsten wissenschaftlichen Entdeckungen über den Tanz erregte im Jahr 2007 meine Aufmerksamkeit. Damals stellte ein physiotherapeutisches Team die Ergebnisse einer Studie über Tangotanzen und die neurologische Erkrankung Parkinson vor.[18] Wenn Menschen mit Parkinson an einem Tangotanzkurs für Paare teilnahmen, verbesserten sich ihre körperlichen Symptome deutlich, so die Studie. Menschen mit Parkinson haben zu wenig von einem chemischen Stoff namens Dopamin, weil die Zellen, die ihn produzieren, nicht mehr richtig arbeiten. Dies hat eine Reihe von körperlichen und geistigen Symptomen zur Folge, etwa Gleichgewichtsverlust, Tremor, Steifheit und Bewegungsverlangsamung, Beeinträchtigung des Denkens, Schmerzen, Angst und Depression.

Als ich von dieser Entdeckung hörte, war ich skeptisch. Ich glaubte einfach nicht, dass sich Symptome, die durch eine Degeneration von Nervenzellen verursacht wurden, mit ein paar Tango-Abenden verbessern ließen. Da ich jedoch miterlebt hatte, mit welch erstaunlicher Macht das Tanzen Menschen bei einer Vielzahl unterschiedlicher Erkrankungen helfen konnte, war ich immerhin so fasziniert, dass ich die Entdeckungen selbst überprüfen wollte. Ich stellte ein Team aus Spitzenwissenschaftlerinnen zusammen, darunter eine Neurowissenschaftlerin, eine Physiotherapeutin, eine Kognitionspsychologin, eine Beschäftigungstherapeutin und eine Sozialanthropologin sowie Expertinnen und Experten in Improvisationstanz, Ballett, Gesellschafts- und Showtanz, und richtete ein Forschungslabor ein.[19]

Die ursprüngliche Forschung auf diesem Gebiet hatte gezeigt, dass Tanzen bei den *körperlichen* Symptomen von Parkinson helfen kann, also etwa bei Gleichgewicht und Gang. Ich wollte herausfinden, ob auch andere Symptome gelindert werden könnten. Dazu wollte ich die Effekte des Tanzens auf Denken und Problembewältigung, Lebensqualität und Depression betrachten.

Am ersten Tag der Studie untersuchten wir eine Gruppe von Männern und Frauen mit Parkinson auf ein breites Spektrum körperlicher Fähigkeiten, auf ihre Denk- und Problemlösungsfähigkeit und auf ihre Lebensqualität. Ein paar Tage später fingen unsere Teilnehmerinnen und Teilnehmer an zu tanzen. Zweimal wöchentlich nahmen sie an Kursen in *Contact Improvisation* teil. Am Ende des ersten Termins beschwerten sich die meisten, dies sei kein Tanz. Sich zum Klang sich paarender Wale auf dem Boden herumzuwälzen, gegen die Wand zu lehnen sowie die Arme mit einer anderen Person zu verschränken und zu bewegen, war nicht das, was sie erwartet hatten. Wir machten uns bereits Sorgen, dass zum zweiten Termin kein Mensch mehr erscheinen würde, aber sie kamen. Im Namen der Wissenschaft machten alle weiter, und nach zehn Terminen liebten sie die Freiheit der *Contact Improvisation.* Ein paar Tage nach dem letzten Tanztermin untersuchten wir die Teilnehmenden erneut nach denselben Kriterien wie zuvor, und was wir fanden, war außergewöhnlich.

Bei einem der Tests wurde die Zeit gemessen, die die Personen brauchten, um von einem Stuhl aufzustehen und eine bestimmte Strecke zu gehen. Diese Bewegungen sind bei Parkinson-Erkrankten häufig eingeschränkt, weil die Neurodegeneration die Betroffenen langsamer macht und ihr

Gleichgewicht beeinträchtigt. Wir stellten fest, dass die Teilnehmerinnen und Teilnehmer nach zehn Terminen *Contact Improvisation* bei dieser fundamental wichtigen körperlichen Aufgabe viel schneller waren. Ein weiterer Test galt dem emotionalen Wohlbefinden und den körperlichen Beschwerden. Beides hatte sich im Laufe der Studie erheblich verbessert. Schließlich beobachteten wir mit Erstaunen Verbesserungen in der Art und Weise, wie die Teilnehmenden über Probleme nachdachten und sie lösten. Das Tanzen oder sich zu Walklängen auf dem Boden Herumwälzen hatte sie dazu gebracht, anders und kreativer zu denken.

Alle im Forschungsteam waren sprachlos, aber als skeptische Wissenschaftlerinnen und Wissenschaftler wussten wir, dass wir uns nicht zu früh freuen sollten. Wir setzten uns an einen Tisch und beschlossen, alle Tests noch einmal durchzuführen, nur um ganz sicher sein zu können. Deshalb richteten wir eine weitere Studie ein, warben mehr Parkinson-Erkrankte an und änderten den Tanzstil. Dieses Mal leiteten wir die Leute zu charaktervollen Tänzen an, wie zum Beispiel den Charleston, einen Bollywood-Tanz, einen hüpfenden Cockney Knees-up und ein bisschen Saturday Night Fever, allesamt zu Musik mit einem markanten, rhythmischen Takt. Außerdem ermittelten wir bei allen Teilnehmenden zu verschiedenen Zeitpunkten vor, während und nach den Terminen die Stimmung. Nach zwölf Wochen stellten wir erfreulicherweise dieselben Verbesserungen von Körperfunktionen und Lebensqualität fest. Und mehr noch, zum ersten Mal fanden wir einen Rückgang bei depressiven Verstimmungen, Wut und Anspannung und eine Zunahme der Vitalität. Die Menschen fühlten sich glücklicher und weniger müde, nachdem sie eine Stunde lang zu einem Rhythmus herumgesprungen waren.

Die Botschaft lautet also, egal in welchem Zustand Sie sich befinden, tun Sie Ihrem Körper und Ihrem Geist einen Gefallen und tanzen Sie. Die Bewegungen müssen nicht komplex oder anspruchsvoll sein. Nehmen wir nur einmal die wunderbare Geschichte von Helen Kellers Besuch bei der berühmten Tänzerin Martha Graham. Die amerikanische Autorin und Aktivistin Keller, die taub und blind war, traf Graham in ihrem Tanzstudio. Als Keller auf dem Boden die Schwingungen durch die Bewegungen der Tänzerinnen und Tänzer spürte, fragte sie, was sie machten. „Springen", sagte Graham, worauf Keller fragte: „Was ist Springen?" Daraufhin bat Graham Merce Cunningham, einen ihrer Tänzer, sich an die Stange zu stellen, und legte Kellers Hände sanft an seine Taille. Er sprang, und Keller folgte seinen Bewegungen mit ihren Fingern. Sie spürte, wie sich seine Muskeln anspannten und wieder entspannten und erlebte so alle Bewegungen seines Körpers mit, während er auf und ab sprang. In ihrer Autobiographie erinnert sich Graham, Kellers Gesichtsausdruck „verwandelte sich von Neugierde in Freude. An ihrem Gesicht konnten wir ablesen, wie ihre Begeisterung wuchs, wenn sie die Arme in die Luft warf." Als Merce aufhörte, rief Keller: „O, wie wunderbar! Ganz wie das Denken! Wie gleicht es doch dem Geist!"

Wie das Denken erlaubt uns auch das Tanzen, Muskeln anzuspannen, die über den rein körperlichen Bereich hinausgehen – das hat Auswirkungen auf unsere soziale, kognitive und emotionale Gesundheit und bedeutet, dass wir beim Tanzen allen diesen Aspekten unseres Lebens Auftrieb geben.

Die Kraft der Improvisation

Schauen wir uns an, was passiert, wenn wir uns nicht an ein vertrautes Programm halten oder einen bereits bekannten Tanz wiederholen, sondern uns dazu zwingen loszulassen, Freistil zu tanzen, ganz ohne Plan oder Struktur. Welche Auswirkungen hat dies auf unser Gehirn und unser Denken?

Improvisation ist ein Akt des Erschaffens von etwas Neuem, aus dem Stegreif, ohne Planung oder Vorbereitung. Sich auf Improvisation einzulassen, hat grundlegende Auswirkungen auf unser Denken in allen Lebensbereichen. Wenn wir improvisieren, absolviert unser Gehirn ein umfassendes mentales Training; wir müssen auf eine breite Wissensgrundlage zurückgreifen sowie kreativ, innovativ und flexibel sein. Dies kann uns schwerfallen, weil wir es gewohnt sind, alles, was wir tun, zu planen oder so zu handeln, wie es uns vorgeschrieben wird. Improvisation erfordert, dass wir unser Tun von unserer Intuition leiten lassen, der schnellen Verarbeitung von Erfahrungswissen. Es muss nicht kompliziert sein. Versuchen Sie es gleich einmal. Legen Sie einfach irgendeine Musik auf und bewegen Sie einen Körperteil so, wie Sie ihn noch nie bewegt haben.

Improvisationstechniken werden in Musik, Theater, Tanz und anderen Künsten häufig eingesetzt. Und es gibt einen wachsenden Trend, sie auch in anderen Bereichen anzuwenden, etwa in Unternehmen, in der Aus- und Weiterbildung, in der Produktentwicklung und im Gesundheitswesen. Beim Vergleich zwischen Fachleuten und Neulingen ist die Fähigkeit zur Improvisation eines der größten Unterscheidungsmerkmale. So behaupten zum Beispiel die beiden amerikanischen Erziehungswissenschaftlerinnen

Carol Livingston und Hilda Borko, dass Improvisationsfähigkeit ein Merkmal ist, das erfahrene Lehrkräfte von unerfahrenen unterscheidet.[20] Sie berichten, dass erfahrene Lehrkräfte im Unterricht häufiger Improvisationstechniken einsetzen als unerfahrene, weil sie in der Lage sind, auf umfangreiche Netzwerke leicht zugänglicher Informationen zurückzugreifen, durch die sie schnell und in Echtzeit Strategien, Erklärungen, Abläufe und relevante Informationen auswählen können, während der Unterricht dynamisch weitergeht. Improvisation befreit erfahrene Lehrkräfte davon, sich an ein Skript halten zu müssen, und ermöglicht ihnen, flexibler auf die Bedürfnisse der Schülerinnen und Schüler einzugehen, sobald diese entstehen. Improvisationsfähigkeiten sind auch in der Wirtschaft unerlässlich, weil Menschen dadurch Chancen erkennen und nutzen können, um neue Produkte und neue Geschäftsfelder zu entwickeln. Ich habe mit vielen Unternehmen gearbeitet und dabei erlebt, dass diejenigen, die über das Selbstvertrauen und das Knowhow zur Improvisation verfügen, erstaunliche Ergebnisse erzielen.

Tanzen ist eine großartige Möglichkeit, sich in Improvisation zu üben, denn Sie brauchen keine besonderen Fähigkeiten oder Geräte. Sie müssen lediglich mit Ihrem Körper etwas ausprobieren, was Sie bisher noch nicht gemacht haben. Versuchen Sie zum Beispiel einmal, mit einem extra Hüftschwung zu gehen, oder stolzieren Sie oder entwickeln Sie neue Muster mit Ihren Armen, indem Sie sie auf originelle Weise durch die Luft schwingen. Manchmal fällt das Improvisieren leichter, wenn Sie sich Inspiration von den Bewegungen holen, die Sie in der Natur sehen, oder von einem Musikstück. Wenn Sie richtig abenteuerlustig sind, könnten Sie sich auch von dem amerikanischen Choreographen und Künstler Remy Charlip inspirieren lassen, der einmal in einer Radiosendung über ein Do-it-yourself-Tanzlehrbuch sprach, von dem er träumte:

> Es würde Dances Any Body Can Do (wörtl.: Tänze, die jeder Körper kann) heißen. Und es wären überwiegend Haushaltstänze, etwa Tanz im Eingang, Tanz auf der Treppe, Tanz im Bett und andere Tänze, die Sie machen können und die ganz einfach sind. Und ich würde gerne ein zweites Buch schreiben ... mit dem Titel More Advanced Dances (Tänze für Fortgeschrittene), die sehr schwierig auszuführen wären, etwa ein Tanz auf der Spitze einer Kerzenflamme oder ein Tanz auf einer Wolke ...

Warum es nicht einmal versuchen? Sie werden staunen, was dabei herauskommt!

Stillstehen

1990 veröffentlichte Madonna einen Song namens „Vogue", dessen erste Zeile lautet: „Strike a pose" (Nimm eine Pose ein). Die Grundaussage des Songs lautet, dass Sie selbstvergessen im Tanzen aufgehen sollten, wenn Sie dem Schmerz des Lebens entrinnen und etwas anderes, Besseres sein möchten. Die Idee dahinter ist, dass „eine Pose einzunehmen" Ihnen helfen kann, Ihre Fantasie zu entfesseln und in Ihre innere Schönheit und Inspiration zu finden. Natürlich ist das nur ein Popsong, aber mehrere wissenschaftliche Studien zeigen offenbar, dass eine Pose einzunehmen (oder auf eine bestimmte Art und Weise dazustehen), das Denken und Empfinden der Menschen verändern kann.

Eine der einflussreichsten bisher in diesem Jahrhundert veröffentlichten psychologischen Studien wurde im Jahr 2010 von Dana Carney, Amy Cuddy und Andy Yap an den Universitäten Columbia und Harvard durchgeführt.[21] 42 Personen wurden in zwei Gruppen eingeteilt und gebeten, in verschiedenen Posen zu stehen oder zu sitzen. Die Personen in der ersten Gruppe sollten „high power poses“, also machtvolle Posen einnehmen. Eine machtvolle Pose ist eine Art zu stehen oder zu sitzen, die souverän, entspannt und selbstsicher wirkt. Stellen Sie sich vor, Sie lehnen sich in Ihrem Stuhl zurück, verschränken die Arme hinter dem Kopf und legen die Füße auf den Schreibtisch vor Ihnen, oder Sie beugen sich mit weit ausgebreiteten Armen über einen Schreibtisch. Die Personen in der zweiten Gruppe sollten „low power poses“, machtlose Posen, einnehmen. Dies sind Posen, die geschlossen und eingeengt wirken. Stellen Sie sich vor, Sie sitzen auf einem Stuhl, die Füße flach auf dem Boden und die Hände im Schoß übereinandergelegt, oder Sie stehen mit gekreuzten Beinen und verschränkten Armen. Alle Teilnehmenden wurden gebeten, die Posen insgesamt zwei Minuten zu halten.

Das Forschungsteam nahm drei Messungen vor. Zunächst fragten sie die Teilnehmenden, wie „mächtig“ und „maßgeblich“ sie sich fühlten. Es überrascht wohl nicht, dass die Personen, die in machtvollen Posen gestanden oder gesessen hatten, sich mächtiger und maßgeblicher fühlten als diejenigen, die in machtlosen Posen gestanden oder gesessen hatten.

Dann stellten sie den Teilnehmenden eine Glücksspiel-Aufgabe mit Risikofaktor. Sie erhielten zwei US-Dollar und einen Würfel. Das Geld konnten sie entweder behalten (die sichere Wette) oder würfeln (die risikoreiche Wette). Wenn sie würfelten und dabei eine ungerade Zahl herauskam, verloren sie die zwei Dollar. Würfelten sie jedoch eine gerade Zahl, erhielten sie vier Dollar. Was würden Sie tun? Das wissenschaftliche Team stellte fest, dass 86 Prozent der Personen, die die machtvollen Posen eingenommen hatten, die risikoreiche Wette eingingen, im Vergleich zu nur 60 Prozent der Personen, die die machtlosen Posen eingenommen hatten. Offenbar reicht also das bloße, wenige Minuten lange Stehen oder Sitzen in einer bestimmten Pose aus, um unser Machtgefühl zu verändern und auch unsere Risikobereitschaft zu beeinflussen. Dies lässt darauf schließen, dass Sie, wenn Sie ein Risiko eingehen und dazu etwas mehr Risikobereitschaft entwickeln wollen, zunächst eine machtvolle Pose einnehmen sollten.

Wirklich erstaunlich finde ich das dritte Ergebnis der Forscherinnen und Forscher. Bevor die teilnehmenden Personen ihre Posen einnahmen, mussten sie eine Speichelprobe abgeben, anhand derer die Konzentration des Stresshormons Cortisol sowie des Geschlechtshormons Testosteron in ihrem Körper gemessen wurde. Man nimmt an, dass diese Hormone Marker für Dominanz und Führungskompetenz eines Menschen sind, wobei Testosteron ein hohes, Cortisol ein geringes Maß anzeigt. Nachdem die Teilnehmenden sich wieder aus ihren Posen gelöst hatten, gaben sie eine zweite Speichelprobe ab. Das Forschungsteam stellte fest, dass bei den Personen in der Gruppe mit den machtvollen Posen der Testosteronspiegel gestiegen und der Cortisolspiegel gesunken war, wohingegen bei den Personen in der Gruppe mit den machtlosen Posen der Testosteronspiegel gesunken und der Cortisolspiegel gestiegen war. Statische Körperhaltungen wirken sich also nicht nur darauf aus, wie wir über uns selbst denken, sondern sie beeinflussen auch unseren Hormonstatus. Lediglich zwei Minuten auf eine bestimmte Art und Weise zu stehen oder zu sitzen, hat tiefgreifende Auswirkungen auf uns. Mir war das schon als Jugendlicher klar: Wenn ich in der Schule über den Tisch gebeugt dasaß, fühlte ich mich machtlos und gestresst; stand ich aber mit zurückgezogenen Schultern im Theatersaal, fühlte ich mich als Herr der Lage, entspannt und bereit, Risiken einzugehen und etwas ganz Neues auszuprobieren.

Erst wagen, dann wägen

Genau wie Improvisationstanz das Gehirn aus seiner Komfortzone schubst und dazu bringt, spontan zu denken, kann auch eine Veränderung des Raums und der Umgebung, in der wir uns bewegen, uns zu neuem Denken inspirieren.

Zum Beweis habe ich ein einfaches Experiment entwickelt, das Sie zu Hause ausprobieren können. Hier kommen zwei Aufgaben, die gelöst werden müssen. Lesen Sie sie, folgen Sie meinen Bewegungsanleitungen und versuchen Sie dann, die Aufgaben zu lösen.

Aufgabe 1: Neun Punkte

Hier sind neun Punkte. Können Sie mit vier geraden Linien alle Punkte miteinander verbinden?

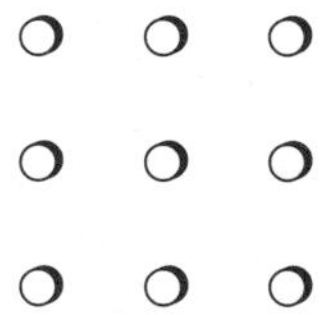

Aufgabe 2: Brüder

Stellen Sie sich vor, Sie gehen spätabends nach Hause und haben sich verirrt. Sie kommen an eine Weggabelung und sind sich unsicher, welche Richtung Sie einschlagen müssen. An der Gabelung stehen zwei Menschen, die Brüder John und David. Sie wissen zwei Dinge über sie: Erstens, beide wissen, in welche Richtung Sie gehen müssen, um nach Hause zu kommen, und zweitens, der eine sagt stets die Wahrheit, und der andere lügt immer. Aber Sie wissen nicht, wer welcher ist. Sie haben nur eine Chance und dürfen ihnen nur eine einzige Frage stellen. Welche Frage stellen Sie, damit Sie garantiert die Information erhalten, die Sie brauchen, um Ihren Heimweg zu finden?

Bevor Sie nun versuchen, diese Probleme zu lösen, möchte ich, dass Sie aufstehen und ein paar Minuten lang in einem zufälligen Muster im Zimmer umhergehen. Gehen Sie nicht in geraden Linien an den Wänden des Zimmers entlang, sondern ändern Sie stattdessen alle paar Schritte die Richtung – gehen Sie nach rechts, dann nach links, drehen Sie große Schleifen und enge, scharfe Kurven. Probieren Sie dann, ob Sie die Antworten finden können.

Lösungen

Die meisten Menschen scheitern daran, eine Lösung für die Aufgabe mit den neun Punkten zu finden, weil sie sie mit „Schubladendenken“ angehen. Sie versuchen, Möglichkeiten zur Verbindung der neun Punkte zu finden, indem sie nur innerhalb des Raums zeichnen, den die Punkte vorgeben, als stellten die Punkte am äußeren Rand des „Quadrats“ eine Grenze dar, die nicht überschritten werden darf. Um dieses Problem zu lösen, müssen Sie buchstäblich das Schubladendenken aufgeben, denn Sie müssen Linien ziehen, die über das hinausgehen, was Sie als Grenze des Problems wahrnehmen.

Hier ist die Lösung:

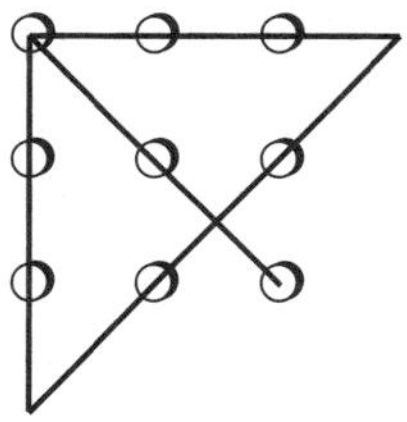

Um das Problem mit den Brüdern zu lösen, müssen Sie es mit einer kontraintuitiven Haltung angehen. Sie möchten die Wahrheit, aber Sie wissen nicht, wer Ihnen die Wahrheit sagt. Deshalb hat es keinen Sinn, einen der beiden Brüder um die wahrheitsgemäße Antwort auf Ihre Frage zu bitten, denn Sie können ja nicht sicher wissen, ob sie richtig oder falsch ist. Sie müssen eine Frage stellen, von der Sie wissen, dass Sie die falsche Antwort erhalten werden, und dann das Gegenteil dessen tun, was die Brüder sagen. Nehmen wir an, John sagt immer die Wahrheit und David lügt immer. Sie können nur eine Frage stellen. Wenn Sie also einen der Brüder ansprechen, lautet die beste Frage: Was würde dein

Bruder sagen, welches der richtige Heimweg ist? Sie müssen die Lüge einkalkulieren und dann das Gegenteil tun.

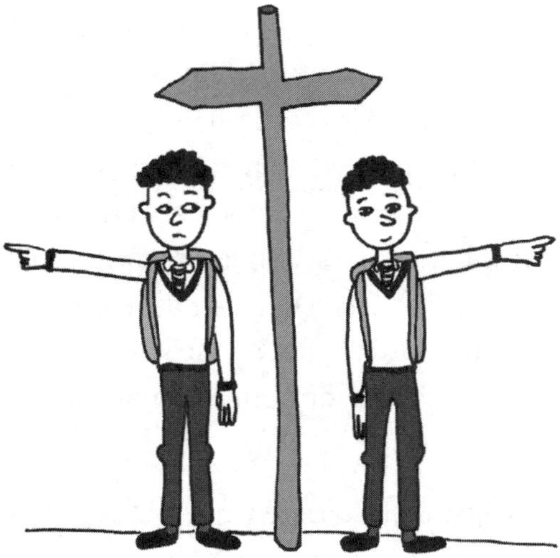

Eine Gruppe von Wissenschaftlerinnen und Wissenschaftlern aus Singapur, New York und Michigan hat 2012 eine Studie veröffentlicht, die das Experiment bestätigt, das Sie gerade gemacht haben.[22] Sie baten Menschen, zwei Minuten lang entweder an den Seiten eines Raumes entlang oder völlig frei, ganz wie sie es wollten, in einem Raum herumzugehen. Bemerkenswerterweise stellten sie fest, dass das Denken der Studienteilnehmer davon beeinflusst wurde, wie sie gingen. Diejenigen, die frei im Raum umhergegangen waren, erzielten bei Tests zur Messung der kreativen Originalität höhere Werte als diejenigen, die reguliert worden waren und nur an den Seiten entlanggehen konnten.

Wenn Sie das nächste Mal einkaufen gehen oder im Büro oder in Ihrer Schule unterwegs sind, dann versuchen Sie, neue Wege zu finden oder in einem anderen Muster zu gehen. Achten Sie dabei darauf, welche neuen Dinge Ihnen auffallen. Schauen Sie nach oben oder unten, gehen Sie rückwärts, seitlich oder im Zickzack und wechseln Sie die Richtung. Gehen Sie die Treppe hinauf, als befänden Sie sich im Bühnenbild eines MGM-Musicals aus den 1950er Jahren oder als seien Sie Rocky Balboa beim Training vor einem großen Kampf. Erstellen Sie dann eine Liste all der Dinge, an denen Sie schon Hunderte Male vorbeigegangen sind und die Sie nie bemerkt haben. Es spielt keine Rolle, wie groß oder klein diese Dinge sind; nehmen Sie sie einfach zur Kenntnis und werden Sie sich bewusst, wie viel von der Welt wir nicht sehen, obwohl es genau vor unserer Nase liegt.

Sie werden feststellen, dass eine Veränderung der Umgebung und der Art und Weise, wie Sie sich darin bewegen, für Ihr Gehirn Wunder wirken kann. Ihr kreatives Denken schaltet sich ein, und Sie fangen an, die Welt anders zu sehen und fantasievoller zu denken.

Rugby und der Pas de Bourrée

Vor ein paar Jahren unternahm ich ein Experiment, das die kognitiven und kreativen Vorteile des Tanzens sehr schön veranschaulicht. Dieses Experiment, das im Auftrag des Fernsehsenders *Channel 4* durchgeführt wurde, war Teil einer Pilotsendung zu einer neuen Fernsehshow mit dem Titel *Dr. Dance*. Ziel war es herauszufinden, ob ich die Leistung von Menschen bei einer ganzen Reihe von Aufgaben verbessern kann, indem ich ihnen verschiedene Tanzformen beibringe. Die Herausforderung an mich lautete, eine gescheiterte und entmutigte Amateur-Mannschaft aus der Rugby-Liga zu übernehmen und zu versuchen, sie wieder auf die Straße der Sieger zu führen.

Eines Sonntagnachmittags kamen der Regisseur und ich nach Greater Manchester, nur um unserer Mannschaft beim Verlieren zuzusehen. Auf den ersten Blick wirkten sie langsam und schwerfällig. Sie schienen kaum zu wissen, wie die anderen im Team hießen, noch wie sie effizient als Mannschaft zusammenspielen konnten. Nachdem ich sie spielen und trainieren gesehen hatte, wusste ich, dass ich ihnen zur Verbesserung ihrer Leistung verhelfen konnte, indem ich drei Aspekte ihres Spiels ansprach: Teamwork, räumliches Bewusstsein und Beweglichkeit. All dies ist auch für das Tanzen von grundlegender Bedeutung.

Ihr Amateurstatus bedeutete, dass sie alle neben dem Rugby voll berufstätig waren und unter der Woche nur abends trainieren sowie am Wochenende spielen konnten. Um der Mannschaft zu helfen, als Gruppe zusammenzufinden, beraumte ich einen wöchentlichen Tanzkurs an. Wie bereits besprochen, kann gemeinsames Bewegen zum selben Rhythmus zu einem erhöhten Maß an prosozialem (d. h. hilfsbereitem) Verhalten führen und die soziale Bindung stärken. Die Mannschaft war so sehr mit ihrem Training beschäftigt, dass sie einen der wichtigsten Aspekte im Mannschaftssport vernachlässigt hatte: Zusammenarbeit und Entwicklung zur sozialen Einheit.

Ich führte die Mannschaft in Volks- und Kontratänze ein, um ihnen die Prinzipien von räumlichem Bewusstsein und Orientierung in der Gruppe zu demonstrieren. Diese Tänze wählte ich, weil sie in ihrer Struktur dem ähneln, was die

Spieler auf dem Rugbyfeld tun, und ähnliche Anforderungen haben. Auf dem Spielfeld müssen sich die Spieler in Linien vorwärtsbewegen und dabei eine lockere und flexible Formation einhalten; sie müssen ihre Gegner umspielen sowie Synchronität und Timing aufrechterhalten, damit sie einander den Ball zuspielen und die Spieler der anderen Mannschaft von ihm fernhalten können. Bei den Volks- und Kontratänzen, die ich ausgesucht hatte, hüpfte eine Männerreihe, die einander bei den Händen hielt, auf eine Frauenreihe zu und wieder von ihnen weg, ging dann unter Bögen hindurch, die von den Frauen gebildet wurden, drehte sich um und reichte einander die Hände, um Bögen zu bilden, unter denen die Frauen hindurchgehen konnten. Die Tänze wurden zu Musik ausgeführt.

Die meisten Mannschaftsmitglieder machten bei der Übung mit. Für sie war das eine unterhaltsame und praktische Möglichkeit zu erleben, wie gutes Teamwork funktioniert, ohne sich auf dem Rugbyfeld schmutzig machen zu müssen. Es gab allerdings einen Spieler, der stur an der Seitenlinie saß und sich weigerte mitzumachen. Der Spieler mit der Angst vorm Tanzen war der Flügelstürmer. Gebaut wie ein 1970er Volvo Kombi, massiv und mit dem Wendkreis eines Supertankers, konnte er alle umrennen, war aber nicht schnell genug, um sie zu umspielen. Als ich ihn fragte, warum er nicht mitmachen wolle, antwortete er, Hüpfen sei unter seinem professionellen Niveau. Das ist verständlich: Manche Menschen möchten einfach nicht tanzen, und ich würde niemals versuchen, jemanden zu etwas zu zwingen, womit er sich unwohl fühlt. Die Abneigung des Flügelstürmers, beim Hüpfen mitzumachen, schien mir allerdings im Widerspruch zu etwas zu stehen, was mir ein paar Tage zuvor bei seinem Training auf dem Spielfeld aufgefallen war. Damals hatte er sich aus vollem Herzen an einer Aufwärmübung beteiligt, die dem Hüpfen bemerkenswert ähnlichsah.

An den Tagen nach dem Volkstanz-Training unterhielt ich mich mit dem Flügelstürmer über sein Ziel, ein beweglicherer Rugbyspieler zu werden. Ich wies auf die Ähnlichkeiten zwischen seinen Aufwärmübungen auf dem Spielfeld und den Bewegungen beim Tanzen hin. Ich wollte, dass er aus erster Hand die Parallelen zwischen professionellen männlichen Balletttänzern und professionellen männlichen Rugbyspielern erkannte: Beide sind schnell, unglaublich stark und vor allem außergewöhnlich beweglich. Deshalb sorgte ich dafür, dass der Flügelstürmer an der Northern Ballet School in Manchester, einer der besten Ballettschulen des Landes, am Training einer fortgeschrittenen Ballettklasse für Männer teilnehmen konnte, um ihre Techniken zur Verbesserung der Beweglichkeit auszuprobieren. Im Vergleich zu dem stämmigen Flügelstürmer hatten die Balletttänzer einen völlig anderen Körperbau. Auch sie waren muskulös und stark, aber sie waren zugleich dünn und biegsam, eher Rennpferd als Kaltblut; die perfekte Physis für optimale Beweglichkeit. Deshalb war es keine Überraschung, dass die Balletttänzer bei einer Reihe von Sprungübungen mit Kraft und Schnelligkeit durch die Luft flogen, während der Flügelstürmer zu kämpfen hatte. Genau in diesen Bereichen – Kraft, Schnelligkeit und vor allem Beweglichkeit – musste er sich verbessern.

Das Aha-Erlebnis kam für ihn, als der Ballettmeister eine schnelle Schrittfolge, den sogenannten *Pas de bourrée,* zeigte, einen Seitschritt, bei dem ein Fuß entweder vor oder hinter dem anderen kreuzt. Der Flügelstürmer erkannte ihn als komplexere und schnellere Version einer Übung aus dem Training, die seine Mannschaft mit einer Strickleiter machte. Da er Ballettschuhe trug, konnte er die ganze Bewegung in verschiedenen Teilen seines Fußes spüren, insbesondere in den Fußballen. Er hatte das Gefühl, mehr Kontrolle über seinen Körper zu haben. Dies lag an verstärkten propriozeptiven Rückmeldungen von seinen Füßen. Propriozeption oder Tiefenwahrnehmung ist die Fähigkeit des Körpers, Bewegung aufgrund sensorischer Rezeptoren in Muskeln, Gelenken, Bändern und Haut wahrzunehmen. Propriozeptive Feedback-Signale werden ans Gehirn gesandt und liefern Informationen über die momentane Position verschiedener Körperteile sowie darüber, wie sie sich bewegen und ihren Ort mit der Zeit verändern.

Um Ihnen ein Gefühl dafür zu vermitteln, wie dies funktioniert, versuchen Sie einmal folgende einfache Übung:

Strecken Sie einen Arm zur Seite aus.

Heben Sie den anderen Arm hoch über den Kopf.

Strecken Sie die Zeigefinger beider Hände.

Schließen Sie die Augen und führen Sie dann mit geschlossenen Augen beide Arme nach vorne und die Spitzen Ihrer Zeigefinger zusammen.

Das gelingt Ihnen deshalb, weil Ihre sich bewegenden Gliedmaßen propriozeptive Feedback-Signale senden, sodass Ihr Gehirn genau weiß, wo sich jeder Zeigefinger in

Raum und Zeit befindet, und sie daher zusammenführen kann, auch wenn Ihre Augen geschlossen sind.

Eine Steigerung des propriozeptiven Feedbacks, insbesondere durch die Füße, erhöht Ihre Beweglichkeit, weil Sie mehr Informationen darüber haben, wo sich Ihre Füße befinden und was sie tun, was Ihnen bessere Kontrolle über Ihre Bewegungen gibt. Deshalb ist es manchmal wichtig, schwere Stiefel oder Schuhe auszuziehen und den Boden unter Ihren Füßen zu spüren.

Nach der Erleuchtung des Flügelstürmers brachten wir die *Pas de bourrée*-Übung mit aufs Rugby-Trainingsgelände und nahmen bei der Leiter-Übung der Mannschaft zwei einfache Veränderungen vor: Bei einem kleinen Teil der Übung zogen sie ihre Rugby-Stiefel aus, um zu erleben, wie es ist, wenn sie die Erde unter ihren Füßen spüren. Zudem variierten sie Geschwindigkeit und Rhythmus, mit der sie sie ausführten.

Durch die Konzentration auf diese drei einfachen Anpassungen in einem ansonsten bewährten Trainingsprogramm – Teamwork, räumliches Bewusstsein und Beweglichkeit – fingen die Spieler an, als Mannschaft zu spielen und zu gewinnen. Ihr räumliches Bewusstsein verbesserte sich, was ihnen eine Gruppendynamik verlieh und ihnen half, zu funktionieren wie eine gut geölte Maschine. Der Flügelstürmer fand eine neue Möglichkeit, andere Spieler zu umspielen und ihnen mit Seitschritten auszuweichen, was wesentlich effektiver war als durch feste Körper hindurchrennen zu wollen. Langsam verbesserten sich Leistung und Ligaplatz des Teams, und am Ende der Saison stiegen sie in die nächste Liga auf. Heute hüpft der Flügelstürmer gerne.

Wer hätte gedacht, dass stämmige Rugbyspieler und drahtige, geschmeidige Tänzer so viel gemeinsam haben? Sicher, einem Rugbyspiel zuzusehen, kann so sein, als sähe man einem Tanz zu. Beides besteht aus schönen Bewegungen mit Mustern und Sequenzen. Im Rugby gibt es sogar Momente, in denen Spieler hoch in die Luft gehoben werden. Das ganze Experiment war eine durch und durch lohnende und erhellende Erfahrung für mich. Und je besser ich die Dynamik des Spiels verstand, desto mehr lernte ich die Formen seiner Bewegung auf dem Spielfeld zu schätzen.

Wie der Philosoph Alan W. Watts sagt: „Die einzige Möglichkeit, Veränderung einen Sinn abzugewinnen, besteht darin, voll in sie einzutauchen, sich mit ihr mitzubewegen und bei dem Tanz mitzumachen.“ Diese Philosophie entspricht meiner eigenen Erfahrung, dass der Tanz ein Katalysator für eine Veränderung menschlichen Verhaltens sein kann. Mein Merksatz Nummer eins ist schlicht folgender: Wenn du deine Denkweise verändern möchtest, dann fange mit der Art und Weise, wie du deinen Körper bewegst, an.

KAPITEL 4

EMOTIONEN IN BEWEGUNG

Ich tanze, um Endorphine auszuschütten und mich glücklich zu machen. Ich tanze, um mich mit anderen zu freuen und mit ihnen zu lachen. Ich tanze, um zu spüren, wie mein Herz schneller schlägt.

Frau, 23, in der Dr.-Dance-Umfrage „Warum tanzen Sie?“

Beim Tanzen werde ich oft so sehr von Gefühlen überwältigt, dass ich weinen muss. Ich besuche eine Jazzdance-Klasse in den Pineapple-Tanzstudios, die mit Dehnen, tiefem Atmen und lauter Musik beginnt. Wir atmen ein und dehnen uns, lösen dann die Dehnung wieder und atmen aus. Beim Wechsel vom Einatmen zum Ausatmen ergreifen mich jedes Mal Gefühle, und ich muss schwer schlucken, damit die Tränen nicht in Strömen fließen. Es ist ein Moment, der den Beginn einer einstündigen Katharsis einläutet, einer Phase emotionaler Reinigung. Das Aufwärmen und Dehnen dauert etwa eine halbe Stunde, dann unterrichtet Fleur, die Lehrerin, eine sehr ausdrucksvolle Tanzfolge.

Der Körper ist ein Meister im Kommunizieren von Emotionen. Aber wo, außer in einem Tanzkurs, bekommen wir die

Chance, mit unserem Körper das auszuagieren, was tief in unserem Herzen vor sich geht? Den größten Teil unseres Lebens verbringen wir damit, unsere Emotionen von unserem körperlichen Ausdruck abzukoppeln. Wir empfinden etwas, können es aber nicht ausdrücken. Wenn Sie nicht gerade ein sechsjähriges Kind oder ein Labrador sind, können Sie sich nicht frei und spontan körperlich ausdrücken. Tanzen verleiht den Menschen Ausdrucksfreiheit. In Fleurs Jazzklasse kann ich mich so ungezwungen ausdrücken wie ein Hund, und das tue ich auch.

Wir erlernen Tänze unterschiedlicher Stile, manche langsam und gefühlvoll, andere schnell und auf Außenwirkung zielend. Die beiden Stile sprechen verschiedene emotionale Verbindungen zwischen dem Körper und dem Rest der Welt an. Die gefühlvollen Tänze scheinen die Intensität unseres emotionalen Zustands zu verstärken: Liebe, Verlust, Enttäuschung, Hoffnung, Entschlossenheit, Stärke, Ehrgeiz, Stolz, Eifersucht, Resilienz. Beim Schwitzen werden diese Emotionen nach oben gespült und bleiben im wahrsten Sinne des Wortes auf dem Boden des Tanzstudios. Wir fallen auf den Boden, rollen uns ab und wachsen in die Höhe, schälen alles ab, was uns zurückhält. Wir spüren die Emotion des Tanzes tief in uns, und obwohl wir uns in einem großen Studio mit vielen Menschen befinden, entsteht ein Gefühl persönlicher Isolation. Wir tanzen ganz für uns; wir haben uns mit unseren innersten Gefühlen verbunden, die sich in fast unbewussten Bewegungen in den Körper ergießen. Es ist kein Wunder, dass Menschen beim Tanzen emotional werden.

Bei schnellen Tänzen ist der Fokus ein komplett anderer. Dann ist es, als hätten wir eine Superpower, mit der wir Feuerbälle der Leidenschaft erzeugen können, um der Welt sehr deutlich klarzumachen, wer wir sind und wie wir uns fühlen. Manchmal sind die Tänze eine Kombination aus schnell und gefühlvoll. Dann peitscht die Tanzklasse sich zu einem expressiven und kathartischen Höhepunkt auf.

Dieses emotionale Hochgefühl, das wir beim Tanzen erleben, ist auf Dopamin zurückzuführen, den chemischen Stoff im Gehirn, über den ich im Abschnitt über Parkinson im letzten Kapitel gesprochen habe. Wie wir gesehen haben, hat Dopamin nicht nur Auswirkungen auf die Bewegung, sondern es spielt auch eine Rolle dabei, wie wir uns fühlen. Ein niedriger Dopaminspiegel wird mit Gefühlen von Angst, Hoffnungslosigkeit, Erschöpfung, Motivationsverlust, Schmerz, Energiemangel und Stimmungsschwankungen in Verbindung gebracht. Zu Musik zu tanzen, ist eine großartige Möglichkeit, diese negativen Gefühle zu überwinden, denn sowohl die sportliche Bewegung als auch unsere emotionale Reaktion auf die Musik, die wir hören, kann die Dopaminausschüttung in verschiedenen Hirnarealen anregen. Wenn der Dopaminspiegel steigt, können wir einige dieser negativen Gefühle abschütteln und in einen euphorischen Zustand geraten.

Die größten Tiefs in meinem Leben kamen immer dann, wenn ich mit dem Tanzen aufgehört habe. Ich war dumm, als ich damit aufgehört habe, um für einen höheren

Schulabschluss zu lernen. Hätte ich damals gewusst, was ich heute über Bewegung und Denken weiß, hätte ich jeden Tag getanzt. Ich erinnere mich, dass ich nach einer langen Tanzpause einen Kurs in argentinischem Tango besucht habe, und ihn kompliziert und schwierig, aber mitreißend fand. Ich ging mit einem Hochgefühl zu Bett und wachte lächelnd und mit Muskelkater in den Wangen auf. Mit den Jahren habe ich gelernt, mich mit Tanz selbst zu therapieren, um meine Stimmung stabil zu halten.

„Dance your blues away“ – Tanzen Sie Ihren Blues weg

Depression kann überwältigend sein und alle Kräfte aufzehren. Wenn Sie mitten in einer Depression stecken, wird es häufig immer schwieriger, negative Gedanken auszuschalten. So bleibt im Kopf nicht mehr genug Platz für anderes. Tanzen hilft, diese Gedanken abzustellen, und ermutigt die Menschen, sich auf Neues zu konzentrieren, es zu erlernen und sich einzuprägen.

Dafür gibt es zahlreiche wissenschaftliche Belege. Eine in Deutschland durchgeführte Studie untersuchte die Auswirkungen von Tanz auf Menschen, die mit einer Depression in ein psychiatrisches Krankenhaus eingewiesen worden waren.[23] Dabei stellte sich heraus, dass eine einzige 30-minütige Tanz-Session ausreichte, um ihre Symptome zu lindern und ihr Vitalitätsgefühl zu steigern. In der Studie wurde ein lebhafter, fröhlicher Tanz eingesetzt, der Hava Nagila, was auf Hebräisch „Lasst uns glücklich sein“ bedeutet. Es dreht sich um einen ziemlich lebhaften, dynamischen Kreistanz zu fröhlicher Musik. Nach Abschluss der

Studie wollte das Forschungsteam wissen, ob allein die Musik zum Rückgang der depressiven Symptome geführt hatte. Deshalb führten sie einen weiteren Versuch durch, bei dem eine zweite Gruppe von Menschen mit einer Depression einfach nur dasaß und sich die Musik anhörte. In dieser Nur-Musik-Gruppe wurden die Patientinnen und Patienten sogar noch etwas depressiver! Offenbar ist also Tanzen der Schlüssel. Bemerkenswert ist, dass eine einzige dreißigminütige Session ausreicht, um beobachtbare Ergebnisse zu erzielen.

In einer anderen Studie, dieses Mal aus Korea, wollten die Wissenschaftlerinnen und Wissenschaftler wissen, ob ein längerfristig angelegtes Tanzprogramm bei einer Gruppe sechzehnjähriger Schülerinnen mit einer leichten Depression zu einer Stimmungsverbesserung führen würde.[24] Die Mädchen wurden in zwei Gruppen eingeteilt. Eine Gruppe nahm zwölf Wochen lang dreimal wöchentlich an Tanzunterricht teil, und die andere Gruppe, die Kontrollgruppe, tat nichts. Im Tanzunterricht ging es um Körperbewusstsein, Bewegung und den Ausdruck von Gefühlen und Bildern. Die Wissenschaftlerinnen und Wissenschaftler fanden heraus, dass bei den Mädchen in der Kontrollgruppe erwartungsgemäß keine Stimmungsveränderung eintrat, dass der Tanzunterricht bei der anderen Gruppe jedoch zu einer Verringerung von Gefühlen der Niedergeschlagenheit, Angst und Feindseligkeit führte. Das wissenschaftliche Team führte diesen Symptomrückgang darauf zurück, dass sich die Mädchen durch das Tanzen körperlich entspannter fühlten und dadurch die Konzentration der in ihrem Körper zirkulierenden Stresshormone sank.

Das Interessante an diesen beiden Studien ist, dass unterschiedliche Tanzstile – lebhaft und dynamisch in der ersten Studie, reflektierend und ausdrucksvoll in der zweiten – positiven Einfluss auf die Stimmung von Menschen sowohl mit einer schweren als auch mit einer leichten Depression haben. Und es hat den Anschein, dass Tanzen umso größere Auswirkungen hat, je depressiver Sie sind.

Andrew Lane und David Lovejoy, zwei Wissenschaftler aus Großbritannien, legten 80 Personen einen Fragebogen zur Auswertung von Emotionen wie Anspannung, Wut, Abgeschlagenheit, Depression, Elan und Verwirrung vor. Anschließend stuften sie die Antwortenden danach ein, wie depressiv sie waren.[25] Anhand der Depressionswerte vor dem Training wurden die Teilnehmenden entweder in eine Gruppe ohne Depression oder in eine Gruppe mit depressiver Verstimmung eingeteilt. Dann nahmen alle an einem einstündigen Aerobic-Tanztraining teil. Nach dem Tanzen füllten sie den Fragebogen erneut aus. Die Ergebnisse zeigten, dass nach dem Tanzen generell eine Verringerung von Gefühlen der Wut, Verwirrung, Abgeschlagenheit und Anspannung eintrat, der Rückgang in der Gruppe mit einer depressiven Verstimmung aber größer war.

Eine der schönsten Erfolgsgeschichten, die ich über positive Veränderungen von Stimmung und Gefühlen durch Tanz gehört habe, stammt aus einem Programm in Edinburgh. Eine Gruppe von Tanzlehrerinnen und Tanzlehrern lud genesende Suchtkranke zu einem Zumbakurs am frühen Abend ein. Erwachsene, die von Substanzen wie Drogen oder Alkohol abhängig waren, sagen häufig, ihnen fehle das Gefühl, high zu sein, und sie fühlten sich emotional leer. Der Zumbakurs ermöglichte es den (überwiegend männlichen) Teilnehmenden ein intensives und völlig natürliches Hochgefühl zu erleben. Ihre Stimmung wurde so grundlegend verwandelt. Kamen sie niedergeschlagen und angespannt an, dann verließen sie den Kursabend aufgeschlossen und gestärkt.

Selbstwertgefühl und Selbstvertrauen

Der Dichter Kamand Kojouri schreibt, dass wir tanzen, „um uns in uns selbst zu verlieben". Dies habe ich in meiner gesamten Karriere als Tänzer und als Dozent beobachten können. Immer wieder haben mir Tänzerinnen und Tänzer erzählt, welch großen Einfluss das Tanzen auf ihr Selbstwertgefühl hatte.

Ein Bericht, den die *Health Development Agency* im Anschluss an Forschungen zur Verbindung zwischen künstlerischer Betätigung und Gesundheit im Jahr 2000 veröffentlichte, kam zu dem Ergebnis, dass die Teilnahme an künstlerischen Aktivitäten Wohlbefinden und Selbstwertgefühl der teilnehmenden Personen eindeutig verbessert.[26] Bei insgesamt 90 Projekten berichteten 91 Prozent der teilnehmenden Personen von einer Verbesserung ihres Selbstwertgefühls und 82 Prozent von einer Steigerung ihres Selbstvertrauens.

Wäre es nicht wunderbar, wenn wir mehr Orte einrichten könnten, wo Menschen zum gemeinschaftlichen Tanzen zusammenkommen könnten, etwa auf Flughäfen, in Parks, an Durchgangsstraßen und in medizinischen Zentren? Angeblich befinden wir uns in Großbritannien mitten in einer Angst-Epidemie, in der die Menschen unter der Last eines geringen Selbstwertgefühls und mangelnden Selbstvertrauens erdrückt werden. Wäre es nicht großartig, wenn wir diese Last durch mehr gemeinsames Tanzen erleichtern könnten?

Eine Forschungsstudie, die in Manchester durchgeführt wurde und die Auswirkungen von Tanzen und Schwimmen auf die Zufriedenheit mit dem eigenen Körperbild und die körperliche Selbstwahrnehmung untersuchte, warb eine Gruppe von Mädchen im Alter von dreizehn und vierzehn Jahren an, die alle mit ihrem Körperbild unzufrieden waren und sich wenig bewegten.[27] Die Mädchen wurden in zwei Gruppen eingeteilt - eine Tanzgruppe und eine Schwimmgruppe - und gebeten, die ihnen zugewiesene Tätigkeit über einen Zeitraum von sechs Wochen zweimal wöchentlich auszuüben. Am Ende der Studie berichteten die Mädchen in der Tanzgruppe von sehr starken positiven Veränderungen in der Wahrnehmung ihres körperlichen Selbstwerts und ihrer Attraktivität sowie von einem drastischen Rückgang ihres Gefühls, dick zu sein. Bei den Mädchen in der Schwimmgruppe hingegen war auf keinem dieser Gebiete eine Veränderung eingetreten. Diese Mädchen waren immer noch so unzufrieden mit ihrem Körperbild wie sechs Wochen zuvor.

Deshalb bin ich so ein energischer Verfechter des Tanzens zur Steigerung des emotionalen Wohlbefindens. Mehr als jede andere Bewegungsform hat der Tanz die Macht, unser Selbstempfinden zu verändern.

Äußere Macht und innere Stärke

Es gibt Situationen, in denen Tanz ausdrücklich und ganz gezielt als Instrument eingesetzt wird, um Aggression auszudrücken und einzuschüchtern. Denken wir etwa an einen Tanz, der Menschen in Rugbystadien auf der ganzen Welt in seinen Bann geschlagen hat, auch in Twickenham, der Heimat des britischen Rugbys. Dieser Tanz ist der Haka, und die neuseeländische Rugby-Nationalmannschaft *All Blacks* führt ihn vor jedem Länderspiel auf.

Es gehört zum Haka, Grimassen zu schneiden, die Zunge herauszustrecken, Glotzaugen zu machen, mit den Füßen aufzustampfen und sich auf den Körper zu klatschen. Er kann von Schreien, Grunzlauten und Parolen begleitet werden. Der Haka verleiht der Rugby-Mannschaft Energie und gibt den Spielern ein Gefühl der Stärke. Außerdem flößt er dem Gegner Angst ein, genauso wie er es getan hat, als er vor einer Schlacht auf Leben und Tod getanzt wurde.

Denn der Haka ist historisch betrachtet ein Kriegstanz; ein uralter Stellungstanz, den die Maori, die indigenen Bewohner Neuseelands, aufführten, bevor sie in die Schlacht zogen. Es gibt mehrere Varianten, darunter den „Peruperu", ein choreographierter Tanz, mit dem der Kriegsgott angerufen und dem Gegner eine letzte Chance zum Rückzug gegeben werden soll, und den „Neri", einen nicht choreographierten Tanz, der zur psychischen Motivation der Menschen aufgeführt wird. Der Haka hatte unter anderem zum Ziel, die Tänzer zu einen, sie in eine einheitliche seelische Verfassung zu versetzen. Kriegstänze, die gut organisiert waren und von allen Tänzern (Kriegern) vollkommen im Takt ausgeführt wurden, galten als glückbringend. Vermutlich wurden die Tänze von einer Generation zur nächsten weitergegeben – sie könnten bereits im 13. Jahrhundert entstanden sein, als die ersten polynesischen Siedler in Neuseeland ankamen.

Für die *All Blacks* hat der Haka zum Ziel, den Gegner einzuschüchtern und sich als Mannschaft vereint, stark und unbesiegbar zu fühlen. Einige Bewegungen, etwa die Geste des Kehle-Durchschneidens, mussten 2006 herausgenommen werden, weil sie doch als etwas zu aggressiv angesehen wurden. Die *All Blacks* sind zwar wahrscheinlich die berühmteste Rugby-Mannschaft, die vor dem Spiel tanzt, aber sie sind beileibe nicht die einzigen, die den Haka aufführen: Rugby-Mannschaften aus Fidschi, Samoa und Tonga verwenden eine ähnliche Taktik, um sich mental aufzubauen.

In Japan und Neuseeland haben wissenschaftliche Teams untersucht, welche Auswirkungen das Haka-Tanzen auf den psychischen und emotionalen Zustand der Menschen hat.[28] Nach der Vorstellung gaben die Haka-Tänzer an, sie fühlten sich erregt und angriffslustig und in Bezug auf ihre Motivation dominant. Seit Jahrhunderten wissen Menschen, dass eine bestimmte Art und Weise, den Körper zu bewegen, eine erfolgreiche Vorbereitung auf eine Schlacht sein kann. Wie die gegnerischen Mannschaften mit dem Haka umgehen, ist ganz unterschiedlich. Manche stehen einfach da und schauen ängstlich zu, andere wenden den Blick ab, während wieder andere die Tänzer aus unmittelbarer Nähe herausfordernd anstarren.

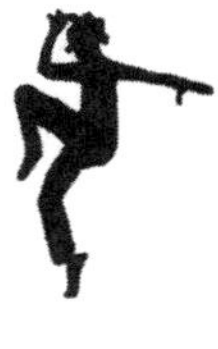

Unterschätzen Sie nie die Macht des menschlichen Körpers, Emotionen zu kommunizieren und bei anderen eine Reaktion auszulösen: Durch die Art und Weise, wie wir uns bewegen, stimulieren wir das Gehirn der Personen, die uns zuschauen; und wenn wir diejenigen Emotionen, die unseren Bewegungen zugrunde liegen, verändern, aktivieren wir andere Bereiche im Gehirn der Menschen, die uns beobachten. Stellen Sie sich vor, Sie schauen einen gefühlvollen Film an, in dem die Schauspielerinnen und Schauspieler erst Glücksgefühle, dann Angst und schließlich Traurigkeit vermitteln: Beim Verarbeiten all dieser Informationen bekommt Ihr Gehirn ein umfassendes Workout. Mein gefühlvoller Film für dieses Ganzhirn-Workout ist *Singin' in the Rain.*

Gefühle kommunizieren – ein künstlerischer Ansatz

Ich bin immer völlig hingerissen, wenn es Choreographinnen und Tänzern gelingt, meine Gefühle zu verändern. Soweit ich mich erinnere, ist dies zum ersten Mal bei einer Ballettaufführung von *Romeo und Julia* (in der Choreographie von Kenneth MacMillan) geschehen. Ich war berührt von der Zärtlichkeit und Liebe zwischen Julia und Romeo in der Szene, in der sie sich auf dem Bett küssten. Fast war es, als würde das Paar gar nicht tanzen; und mir war unbehaglich, ich kam mir vor wie ein Voyeur, der ihre Intimität ausspioniert. Es war eine wunderschöne Darstellung, und sie hat mich bewegt.

Romeo und Julia war die Inspiration zum Musical *West Side Story*, und auch der Tanz in diesem Film hatte eine starke emotionale Wirkung auf mich. Die Choreographie von Jerome Robbins verkörpert und vermittelt perfekt die unterschiedlichen Gefühlslagen der Jets und der Sharks. In einer Nummer, die zu Stephen Sondheims „Cool" getanzt wird, können wir in den knappen, harten Staccato-Bewegungen die aufgestaute Frustration spüren, als Riffs Wut in einer explosiven körperlichen Entfesselung von Muskeln und Gliedmaßen zum Ausdruck kommt und von den Bewegungen der anderen aus seiner Gang aufgenommen wird.

Dies ist ein großartiges Beispiel dafür, dass eine rein wissenschaftliche Erklärung nicht ausreichen kann, um das Wesen von echtem emotionalem Ausdruck und echter emotionaler Kommunikation zu erfassen. Teilweise liegt dies daran, dass wir nur extrem selten ausschließlich ein einziges Gefühl verspüren. Wenn Menschen beispielsweise glücklich sind, können sie zugleich auch Schuldgefühle haben, oder wenn sie stolz sind, kann ihnen dies auch peinlich sein. Unsere Gefühle durchströmen uns wie ein Fluss. Genau aus diesem Grund wird die Wissenschaft die Antwort auf zutiefst psychologische Fragen zum Tanzen und/oder zu Gefühlen nicht immer durch akademische Untersuchungen finden. Große Kunst und menschliches Erleben lassen sich nicht immer wissenschaftlich sezieren. Wissenschaftlerinnen und Wissenschaftler verlassen sich in der Regel auf Worte, um ihre Beobachtungen zu dokumentieren, zu beschreiben und zu verbreiten. Weil Gefühle und Kunst aber mächtiger sind als Worte, gehen sie oft über das hinaus, was die Wissenschaft aus ihren Experimenten herauslesen kann.

KAPITEL 5

WAS MENSCHEN VOM TANZEN ABHÄLT

Wir sind häufiger ängstlich als verletzt; und wir leiden mehr an der Einbildung als an der Wirklichkeit.

Lucius Annaeus Seneca

Wie wir gesehen haben, ist Tanzen so gut für das körperliche und geistige Wohlbefinden, weil es aus vielen Elementen besteht, die in ihrer Kombination die Bedürfnisse aller Altersgruppen ansprechen können, sowohl zum Erhalt der Gesundheit als auch unterstützend bei der Genesung von Krankheiten. Tanzen kann Spaß machen, ausdrucksvoll, herausfordernd, anregend und gesellig sein.

Allerdings gibt es auch einiges, was Menschen daran hindert, die Vorteile des Tanzens für Gesundheit und Wohlbefinden zu nutzen. Dazu gehören mangelndes Selbstvertrauen, fehlende Motivation, Angst vor der notwendigen Anstrengung und davor, ob wir ihr gewachsen sind. Lassen Sie mich Ihnen sagen, wenn Sie einer dieser Gründe vom Tanzen abhält, dann lesen Sie weiter. Denn ich werde Ihnen zeigen, dass Sie tanzen können, ungeachtet Ihrer körperlichen Fähigkeiten. Und ich werde Ihnen helfen zu verstehen, dass Tanzen etwas für alle Menschen ist. Ja, für alle.

Tanzen und Selbstwertgefühl

Vor einigen Jahren habe ich eine Studie – eine Dr.-Dance-Umfrage – mit etwa 14.000 Menschen durchgeführt, um das tänzerische Selbstvertrauen der Menschen und den Einfluss von Alter und Geschlecht auf die Veränderungen des tänzerischen Selbstvertrauens im Laufe unseres Lebens zu untersuchen.[29] Hier sind die Situation, die ich entworfen, und die Fragen, die ich gestellt habe:

Stellen Sie sich vor, Sie sind auf einer Party, in einem Club oder auf einer Hochzeit und tanzen zusammen mit anderen Menschen. Stellen Sie sich weiter vor, Sie tanzen zu Ihrem Lieblings-Musikstück. Sie sind voll im Groove und fühlen sich bestens. Sie schauen sich im Raum um und merken, dass alle Tanzenden dasselbe Alter und Geschlecht haben wie Sie. Wie tanzen die Leute? Beantworten Sie nun folgende Frage: Wie gut können Sie im Vergleich zu anderen Menschen Ihres Alters und Geschlechts tanzen? Damit meine ich nicht, wie versiert Sie in Bezug auf Technik oder Leistungen in einem bestimmten Tanzstil (etwa Gesellschaftstanz oder Lindy Hop) sind; ich meine, wie sehr Sie sich trauen, sich ganz selbstvergessen zur Musik zu bewegen. Geben Sie sich eine Punktzahl zwischen 1 und 7, wobei 1 ganz schrecklich und 7 fantastisch ist.

Ihre Antwort auf diese Frage wird von zwei Überlegungen beeinflusst. Erstens davon, für wie kompetent oder gut Sie sich beim Tanzen halten, und zweitens davon, wie Sie glauben, dass andere Menschen Ihre Art zu tanzen einschätzen (diese vermutete Einschätzung wird als „reflected appraisal" bezeichnet; im Deutschen in etwa widergespiegelte Beurteilung, Anm. d. Ü.).

In Ihre Bewertung werden viele Faktoren eingeflossen sein. Zwei werden jedoch den größten Effekt gehabt haben: Ihr Alter und Ihr Geschlecht.

Es hat sich gezeigt, dass sich das Selbstwertgefühl in wichtigen Entwicklungsphasen unseres Lebens verändert. So ist das allgemeine Selbstwertgefühl sowohl bei Männern als auch bei Frauen bei Jugendlichen unter achtzehn Jahren höher als in der Gruppe der jungen Erwachsenen zwischen achtzehn und 22 Jahren. In diesem Alter stabilisiert sich das Selbstwertgefühl und ändert sich dann zwischen 23 und 49 Jahren offenbar nicht mehr. In unseren 50ern und 60ern steigt es schließlich kontinuierlich an, bis es in unseren 70ern und 80ern wieder sinkt.

Zwar wirkt sich das Alter bei beiden Geschlechtern in ähnlicher Weise auf das Selbstwertgefühl aus, aber zwischen Männern und Frauen gibt es gut belegte Unterschiede, die ihr tänzerisches Selbstvertrauen beeinflussen. Im Allgemeinen haben Männer tendenziell ein höheres Selbstwertgefühl als Frauen. Obwohl Frauen, was ihr Verhalten, ihre Moral und ihre Ethik anbelangt, in der Regel ein höheres Selbstwertgefühl haben als Männer, ist es in Bezug auf ihre körperliche Erscheinung, Sportlichkeit und individuelle Selbstzufriedenheit geringer.

Bei meiner Studie fand ich heraus, dass tänzerisches Selbstvertrauen und Selbstwertgefühl sich verändern, wenn Menschen älter werden, und dass beides bei Frauen im

Allgemeinen höher ist als bei Männern. Aber es gab einige Überraschungen. Folgendes habe ich entdeckt:

Obwohl die Werte für das tänzerische Selbstvertrauen und Selbstwertgefühl bei Mädchen unter sechzehn Jahren sehr hoch waren, fielen sie im jungen Erwachsenenalter dramatisch ab, fast auf den tiefsten Punkt im Leben einer Frau. Doch woran liegt das? Ein möglicher Grund ist Kompetenz. Gehen wir davon aus, dass Mädchen und junge Frauen das Tanzen in der Freizeit zu unterschiedlichen Zwecken nutzen, und dass diese Zweckänderung eine Veränderung ihrer Kompetenz im Tanzen in Gesellschaft widerspiegelt. Für Mädchen unter sechzehn ist Freizeit-Tanzen einfach eine Aktivität, die Spaß macht. Entweder tanzen sie zu Hause allein oder in kleinen Gruppen mit anderen Mädchen, oder sie haben formellen Tanzunterricht. Beide Aktivitäten steigern ihr tänzerisches Selbstvertrauen, weil junge Mädchen den Tanz in beiden Fällen versiert und kompetent einsetzen. Etwa im Alter von sechzehn Jahren geben Mädchen den formellen Tanzunterricht häufig auf. Ich habe Hunderte von Mädchen zu ihrer Tanzgeschichte befragt, und von denen, die mit dem Tanzen aufgehört haben, sind die meisten zwischen dem fünfzehnten und achtzehnten Lebensjahr aus dem formellen Tanzunterricht ausgeschieden. Etwa im selben Alter fangen junge Frauen wahrscheinlich an, auf Partys öffentlich vor Angehörigen des anderen Geschlechts zu tanzen. Wenn junge Frauen anfangen, so zu tanzen, also in der Öffentlichkeit, sind sie in dieser Form des gemeinsamen Freizeit-Tanzens noch nicht versiert, insbesondere, wenn es für sie noch neu ist. Dies könnte erklären, warum sie ein geringeres tänzerisches Selbstvertrauen haben.

Kompetenz könnte auch der Grund für das geringe tänzerische Selbstvertrauen sein, das ich bei Jungen unter sechzehn Jahren festgestellt habe, – und für den steten Zuwachs an tänzerischem Selbstvertrauen und Selbstwertgefühl, der für mich zu beobachten war, wenn die Jungen älter wurden. Jungen unter sechzehn Jahren genießen nicht denselben Vorteil eines hohen tänzerischen Selbstvertrauens und Selbstwertgefühls wie Mädchen in diesem Alter, weil sie Tanz in dieser Phase ihrer Entwicklung im Großen und Ganzen nicht in der gleichen Weise ausüben wie Mädchen. Jungs tanzen eher nicht mit ihren Freunden zu Hause und melden sich auch seltener zum Tanzunterricht an als Mädchen.

Bei jungen erwachsenen Männern bis etwa Anfang zwanzig nimmt das tänzerische Selbstvertrauen jedoch tendenziell zu. Nach Charles Darwin ist eine Funktion des Gesellschaftstanzes die Balz. Gemeinschaftliches Tanzen in der Freizeit ist daher Teil der sexuellen Selektion beziehungsweise der Partnerwahl. Dieser Ansicht nach tanzen junge Männer aus zwei Gründen: Um sich vor potenziellen Partnerinnen zur Schau zu stellen und um sich bei der Partnerwahl von ihren Konkurrenten abzuheben. Wie junge Männer tanzen und wie sie von Frauen wahrgenommen werden, hängt sowohl mit ihrem Hormonstatus als auch mit ihrer Genqualität zusammen. In einer Umgebung, in der gemeinschaftlich getanzt wird, wie in Discos und Clubs, werden Männer eindeutig beobachtet und als potenzielle Partner bewertet. Diese Einschätzung ist genau die Art soziales Feedback, die Auswirkung auf das tänzerische Selbstvertrauen und Selbstwertgefühl hat. Da Männer und Frauen als junge Erwachsene Tanzen mehr und mehr als Bestandteil ihres Partnerwahlprozesses nutzen, werden beide Geschlechter in dieser Funktion des Tanzes kompetenter, und beide gewöhnen sich daran, Feedback von den anderen zu erhalten, was zu höheren Werten beim tänzerischen Selbstvertrauen führt. Dauernd bekommen wir zu hören, wir sollten so tanzen, als schaue niemand zu, in Wirklichkeit aber werden wir ständig beobachtet, insbesondere, wenn wir in der Öffentlichkeit tanzen, und dies kann durchaus etwas Positives sein.

Bei Menschen mittleren Alters habe ich herausgefunden, dass das tänzerische Selbstvertrauen bei Frauen wesentlich größer ist als bei Männern, und dass es sich zwischen Ende zwanzig und Mitte fünfzig kaum verändert. Ein Grund dafür ist anscheinend, dass viele Menschen mit Mitte zwanzig die Partnerwahl abgeschlossen haben, eine feste Beziehung eingehen und eine Familie gründen.

Ich habe allerdings auch festgestellt, dass viele Menschen ihren Tanzstil ändern oder ganz aufhören zu tanzen, sobald sie ihre Partnerin oder ihren Partner gefunden haben und die Beziehung sich gefestigt hat. Für die einen ist dies eine Erleichterung, für die anderen eine Enttäuschung. Während es vielen Paaren sehr viel Freude macht, ein Leben lang miteinander zu tanzen, haben sich einige Frauen bei mir beklagt, dass sie ihren Mann zwar beim gemeinsamen Tanzen (zum Beispiel in einem Club) kennengelernt haben, er aber keine Lust mehr darauf hatte, sobald sie fest zusammen waren. Unter Umständen führt dies dazu, dass auch die Frau das Tanzen aufgibt.

Ein Mann Anfang 40 erzählte mir:

Als ich jünger war, musstest du tanzen, entweder weil du versucht hast, eine „abzuschleppen“, oder weil deine Freundin dich dazu aufgefordert hat, oder um damit anzugeben, dass du besser tanzen konntest als deine Kumpels. Jetzt, wo ich älter und verheiratet bin, gibt es nur noch einen Grund zum Tanzen: wenn die Frau dir damit in den Ohren liegt. Ausreden vorm Tanzen sind jetzt leichter, zum Beispiel, dass ich das Lied nicht mag oder nicht kenne, dass mein Fuß wehtut oder dass ich autofahre (und deshalb nichts getrunken habe). Außerdem schaue ich lieber Frauen beim Tanzen zu, und das geht nicht so leicht, wenn du selbst tanzt und dich auf deine eigenen Schritte konzentrieren musst.

Und dann gab es Sofia, eine Frau Anfang 50, die mir erzählte, wie es für sie war, als sie das erste Mal seit ihrer Heirat wieder mit einem anderen Mann getanzt hat. Sofia liebte das Tanzen. Als Kind tanzte sie ständig, ging jeden Tag nach der Schule zum Ballettunterricht und übte zu Hause an einer provisorischen Stange. Sie träumte davon, auf den größten Bühnen der Welt die Hauptrollen zu tanzen. Sofia lebte in einem kleinen Dorf in Osteuropa und verliebte sich mit fünfzehn in den Jungen von nebenan. Mit siebzehn heirateten sie, und ein Jahr später brachte sie ihr einziges Kind zur Welt, einen Sohn. Ihre Träume vom Tanzen waren allmählich verblasst und hatten sich nach der Heirat mit Vladimir und dem Beginn der Elternschaft schließlich ganz aufgelöst. Inzwischen war Sofia durch tägliches Training anderer Art abgelenkt.

Die Jahre vergingen, Sofia holte ihren Schulabschluss nach, machte mehrere akademische Abschlüsse und wurde eine angesehene Wissenschaftlerin in Großbritannien. In ihrem Büro in der Universität bewahrt sie ein Paar Kinder-Ballettschuhe auf. Sie hängen an ihren Bändern hinter ihrem Computer. Kurz vor ihrem fünfzigsten Geburtstag beschloss Sofia, dass sie wieder tanzen wollte. Ihr Sohn war erwachsen und ausgezogen, und Vladimir, der Musiker war, hatte kein Interesse am Tanzen. Deshalb meldete sich Sofia zu einem Gesellschaftstanzkurs an.

Nach fast 35 Jahren kam Sofia zum ersten Mal wieder zum Unterricht. Als sie die Studiotür öffnete, traf sie unvermittelt der Geruch von Körpern. Der Raum war voller Menschen, die gerade eine vorhergehende Stunde beendeten, und sie bekam einen Vorgeschmack auf die Atmosphäre. Sofia war wie berauscht – und bereit zu tanzen. Ihr Kurs begann, und sie wurde Robert vorgestellt, einem begeisterten Anfänger, der in den kommenden zehn Wochen ihr Partner sein würde, wie ihr gesagt wurde. Der arme Robert hatte keine Ahnung, was passieren sollte. In der ersten halben Stunde lernten Sofia und Robert den Grundschritt für den Cha-Cha-Cha. Schritt, Schritt, Cha-Cha-Cha; Schritt, Schritt, Cha-Cha-Cha. Alles lief bestens.

Die Probleme begannen, als Sofia und Robert einander gegenüberstanden und eine Lateinhaltung einnahmen. Sie legte ihre rechte Hand in seine linke und ihre freie Hand auf seine Schulter, während er seine Rechte um ihr Schulterblatt schloss. Die Musik setzte ein, sie nahmen Augenkontakt auf und begannen zu tanzen: Schritt, Schritt, Cha-Cha-Cha; Schritt, Schritt, Cha-Cha-Cha. Sie machten dies vier Mal, dann löste sich Sofia aus der Haltung, drehte sich um und lief davon. Sie schnappte sich ihre Handtasche und ihre Straßenschuhe und verschwand. Robert blieb völlig entgeistert zurück. Sofia fand zu ihrem Auto und weinte auf der gesamten Heimfahrt.

Vladimir hatte einen ganz normalen Abend und sah gerade fern, als Sofia zur Haustür hereinkam. Sie ging ins Wohnzimmer und sagte Vladimir, sie müsse ihm etwas erzählen. Sie hatte aufgehört zu weinen, aber ihr Gesicht war tränenverschmiert. Er dachte, es sei etwas Schreckliches passiert. Beim Sprechen kamen Sofia erneut die Tränen. Sie hatte gespürt, dass sie sich verliebt hatte. Sie hatte Robert in ihre Arme genommen und er sie in seine, und als sie ihm in die Augen geschaut hatte, und als die Musik eingesetzt hatte, und als sie tanzten, konnte sie spüren, wie sie sich verliebte. Die Musik und die Bewegung hatten sie einen Augenblick lang vergessen lassen, dass sie bereits in Vladimir verliebt und glücklich mit ihm verheiratet war. Einen Moment lang war sie ein anderer Mensch, sie führte ein anderes Leben und hatte andere Träume. In ihrem gelben Kleid und den strassbesetzten Schuhen mit den Wildledersohlen sah sie sich in einem großen Ballsaal tanzen und spürte, wie es war, getragen und herumgewirbelt zu werden und hin und weg zu sein. Deshalb war sie weggelaufen.

Vladimir begriff nicht. War sie untreu gewesen? Hatte sie eine Affäre? Er wälzte Frage um Frage, die sie nicht hören konnte. Für ihn war ihr Erlebnis Untreue. Er schlief in einem anderen Zimmer und sprach zehn Tage lang nicht mit ihr. Aber Sofia hatte Vladimir nicht mit Robert betrogen. Und als sie allein in ihrem Zimmer lag, verliebte sie sich nicht in ihn; sie verliebte sich einfach wieder in ihre

Träume, sie verliebte sich wieder ins Tanzen und in wiedererwachte Gefühle.

Vladimir und Sofia sind immer noch verheiratet. Die alten Ballettschuhe hängen immer noch in ihrem Büro, und Sofia hat immer noch Angst vorm Tanzen.

Bei älteren Menschen entdeckte ich, dass sich das tänzerische Selbstvertrauen sowohl in der Abhängigkeit vom Geschlecht als auch von der Altersgruppe verändert. In der Altersgruppe der 56- bis 60-Jährigen hatten Frauen ein höheres tänzerisches Selbstvertrauen als die Männer, ein Ergebnis, das mit ähnlichen geschlechtsspezifischen Unterschieden bei allen jüngeren Altersgruppen übereinstimmte. Allerdings fand ich auch heraus, dass es bei den über Sechzigjährigen in Bezug auf das tänzerische Selbstvertrauen zum ersten Mal in der gesamten Lebensspanne keinen Unterschied zwischen Frauen und Männern gibt. An diesem Punkt schließt sich die Lücke im Selbstwertgefühl, weil das tänzerische Selbstvertrauen bei Frauen messbar sinkt und bei Männern deutlich steigt.

Erwartbar wäre, dass das allgemeine Selbstwertgefühl in diesem Alter bei beiden Geschlechtern abnimmt, da das Leben seinen Tribut zu fordern beginnt – Ruhestand, Verlust des Lebenspartners, vielleicht nachlassende Gesundheit und ein geringerer sozioökonomischer Status. Wäre dies jedoch der Fall, sollten wir sowohl bei Männern als auch bei Frauen einen ähnlichen Rückgang des tänzerischen Selbstvertrauens erwarten.

Eines der größten lebensverändernden Ereignisse ist bei Frauen in diesem Alter die Menopause. Die Menopause ist die Zeit, in der der Östrogenspiegel sinkt, der Menstruationszyklus sich verändert und Frauen dann schließlich keine Periode mehr haben. Die Wechseljahre werden von einer Vielzahl weiterer Symptome begleitet, etwa Hitzewallungen, Nachtschweiß und Kopfschmerzen. Die psychischen Auswirkungen können ebenso schwerwiegend wie die körperlichen sein. Viele Frauen leiden unter Stimmungstiefs und Angstzuständen, manchmal zum ersten Mal in ihrem Leben. Manche sprechen von dem Gefühl, „unsichtbar" zu werden, unbedeutend, nicht mehr produktiv zu sein und daher ihre besten Jahre hinter sich zu haben. Kein Wunder, dass sie an Selbstvertrauen verlieren.

Marie erzählte mir von ihren Erfahrungen mit den Wechseljahren und dem Tanzen:

> Heiße Schweißausbrüche, extreme Stimmungsschwankungen, in einem Tränensee zusammenbrechen und so wütend sein, dass ich jemanden ernsthaft verletzen könnte, und dann wieder absolut ruhig und ganz ich selbst … was soll das alles? Körperlich schaue ich in den Spiegel, und mir blicken meine Oma und meine Mutter und ein bisschen was von meinem Vater entgegen, meine Haut altert, ich selbst glaube, ich bin immer noch so wie mit Dreißig, aber 52 ist etwas ganz anderes. Die Leute sehen mich anders. Letztes Jahr ist mein Haar ein bisschen grau / weiß geworden, und ich

habe gemerkt, dass die Leute einfach durch mich hindurchsehen, fast als wäre ich belanglos, eine nette ältere Frau. Scheiß drauf! Ich habe mein Haar wieder braun gefärbt mit einer silbernen Strähne vorne, und ich werde es lang wachsen lassen.
Der Tanz verschafft mir riesengroße Erleichterung auf diesem langen, langsamen Weg. Ich treffe mich wöchentlich mit einer Gruppe von Frauen – einer großartigen Gruppe von Frauen, die alle an unterschiedlichen Punkten in ihrem Leben stehen und die sich gegenseitig unterstützen. Wir tanzen verschiedene Stile und machen die eine oder andere Aufführung. Ich liebe es. Bisher habe ich „Shake Your Tail Feather“ und „All That Jazz“ getanzt, und jetzt arbeiten wir an einer Madonna-Nummer. Hier kann ich frech sein und vor allem herzlich lachen. Ich versuche, auch andere Tanzkurse zu besuchen, wenn ich es einrichten kann. Ja, das Hochgefühl, das ich nach einem Kurs verspüre, ist wahrscheinlich besser als jede Medizin oder Therapie, die mir angeboten werden könnte, und dabei bin ich selbst Therapeutin und mit einem Arzt verheiratet. Es macht mich ausgeglichen, erhöht meine Herzfrequenz, verschafft meinem Gehirn eine Pause von der Arbeit und vom Leben, richtet den Fokus auf das Erlernen eines Tanzstücks und vor allem auf das Lachen. Die Wechseljahre sind eben etwas, das wir nicht bekämpfen oder ignorieren können, das wir akzeptieren, verstehen, anerkennen und hinter uns bringen müssen, um den Rest unseres Lebens zu genießen!

Chorophobie

Es gibt den Mangel an Selbstvertrauen, und es gibt den Zustand abgrundtiefen Grauens. In meiner Umfrage „Why do you dance“? (Warum tanzen Sie?), brachten einige Teilnehmerinnen und Teilnehmer eine Angst vor dem Tanzen zum Ausdruck, bei der es einem das Herz zerreißt. Ihre Angst vor dem Tanzen saß so tief und war in einigen Fällen so stark, dass sie eine tiefe Sehnsucht und den Wunsch zu tanzen verdrängte. Dies ist ein faszinierendes Paradoxon, so als hätte man Angst vor dem Atmen oder Essen.

Angst vor dem Tanzen, Chorophobie genannt, ist ein kurioses, aber nicht ungewöhnliches Phänomen. Sie kann in zwei Formen auftreten: als Angst vor dem Tanzen an sich und als Angst davor, andere Menschen tanzen zu sehen. Zu den wichtigsten Symptomen der ersteren Form gehören extreme Befangenheit, Meiden von Menschen und Orten, an denen getanzt wird, soziale Isolation, Panikattacken, Schweißausbrüche, Übelkeit, Schwindel, Herzklopfen, Magenschmerzen sowie ein geringes tänzerisches Selbstwertgefühl und Selbstvertrauen. Zu den wichtigsten Symptomen der letzteren Form gehören psychisches Unbehagen, Stressgefühl und aggressives Verhalten. Wie bei allen Phobien sind diese Ängste irrational. Der Akt des Tanzens an und für sich bedroht keinen Menschen in seiner Existenz, daher gibt es keinen rationalen Grund, vor dem Tanzen oder davor, andere tanzen zu sehen, Angst zu haben. Nichtsdestotrotz sind die emotionalen Reaktionen der Menschen auf das Tanzen sehr real – wie die eines Arachnophobikers auf Spinnen – und der Leidensdruck, der dadurch entstehen kann, ist nicht zu unterschätzen.

Im Laufe der Jahre habe ich alle Symptome der Chorophobie mitbekommen. An früherer Stelle habe ich ein Projekt fürs Fernsehen beschrieben, bei dem ich einer Rugby-Mannschaft durch Tanzen geholfen habe, einige ihrer Schwächen auf dem Platz zu überwinden. Insgesamt war die Erfahrung sehr produktiv und positiv, aber es gab Momente, in denen einige Spieler Symptome einer Chorophobie zeigten. In einer Sitzung, bei der ich sie zum Tanzen bringen wollte, wurden sie aggressiv, reagierten ausweichend, beschimpften mich lautstark, alberten herum und sorgten für große Unruhe. Als ich jedoch in der nächsten Sitzung genau dieselben Tänze als schlichte, einfache Bewegungen und Übungen gestaltete, benahmen sich die Männer vorbildlich. Diese Art der Reaktion ist der Kern der Chorophobie.

Ich liebe es, an ungewöhnlichen Orten zu tanzen und das Tanzen mit Aktivitäten, die normalerweise nicht damit verbunden werden, zu kombinieren. Deshalb tanze ich bei meinen Vorträgen immer und ermuntere auch das Publikum dazu. Insbesondere erlebe ich gerne, wie Menschen emotional aufs Tanzen reagieren, wenn sie es am wenigsten erwarten. Ich erinnere mich an den erstaunten Gesichtsausdruck eines ganzen Saals voller russischer Banker in Paris, als ich während eines Vortrags zu tanzen begann. Es dauerte ein Weilchen, aber dann legten sie ihre Smartphones aus der Hand und ihre Fassungslosigkeit ab und tanzten selbst los wie echte Kosaken. Eines meiner denkwürdigsten Erlebnisse war ein Vortrag an der Westküste der USA. Es war unfassbar, die Welle der Tanzenergie zu reiten, die von den zehntausend Business-Technik-Typen im Raum ausging. Aber es gelingt mir nicht immer, die Leute zu begeistern.

Als ich im Sommer 2018 eine E-Mail von einem Scout eines britischen Fernsehsenders erhielt, mit der Bitte an einer Sendung mit dem Titel *Britain's Got Talent* (in Deutschland und Österreich *Das Supertalent*, in der Schweiz bis 2016 *Die grössten Schweizer Talente*, Anm. d. Ü.) teilzunehmen, wusste ich, dass dies eine fantastische Gelegenheit wäre, die Welt zum Tanzen zu bringen. *Britain's Got Talent* ist eine Talentshow, die von dem respekteinflößenden Simon Cowell und den reizenden Personen David Williams, Alesha Dixon und Amanda Holden juriert wird. In Großbritannien schauen Millionen zu, und es gibt Ableger auf der ganzen Welt.

Ich erklärte mich einverstanden, in der Sendung aufzutreten, weil ich den Vortrag meines Lebens halten und mein Thema einem größtmöglichen Publikum vermitteln wollte. Außerdem erfuhr ich, dass die Auftritte im Londoner *Palladium* stattfinden sollten, und auf dieser Bühne aufzutreten, war ein Traum, von dem ich nie geglaubt hätte, dass er einmal wahr werden würde. Es war wunderbar, im *Palladium* zu sein; ich konnte sogar sehen, wo die Asche von Bruce Forsyth unter der Bühne beigesetzt ist. Außerdem wollte ich die emotionale Achterbahn eines Auftritts im Rahmen einer so großen Show unbedingt einmal selbst erleben. Als ich die Bühne betrat, war es, als liefe ein Stromstoß durch meinen Körper. Vor 35 Jahren hatte ich als professioneller Tänzer regelmäßig an Vortanzen teilgenommen, aber so war keines gewesen.

Als ich mitten auf der Bühne stand, vor dreitausend Zuschauerinnen und Zuschauern und vier Jury-Mitgliedern, war ich ziemlich überwältigt. Ich sagte allen, ich sei Wissenschaftler und wolle einen Vortrag darüber halten, wie sich durch Tanzen Gesundheit, Wohlbefinden und Stimmung der Menschen verbessern lassen. Das Publikum applaudierte und jubelte. Zu Beginn meines Vortrags bat ich das Publikum aufzustehen und brachte ihnen schnell eine kurze, fröhliche Tanznummer bei. Alle, auch die vier aus der Jury, machten mit; sogar Simon Cowell stand auf und wackelte einen Moment; ich glaube, er lächelte sogar. Ich erzählte allen, wie Tanzen die Stimmung hebt und dass wir dies auch bei Menschen mit Parkinson beobachtet hatten. Dann setzte sich Simon wieder und buzzerte. Dies hieß, er wollte, dass der Vortrag aufhört. Der Buzzer war so laut, dass die ganze Bühne zitterte. Sie hören den Buzzer nicht nur; Sie spüren ihn. Auch wenn ich erwartet hatte, dass ich gebuzzert würde – machen wir uns nichts vor, ich hielt einen Vortrag bei *Britain's Got Talent* – als es dann tatsächlich passierte, wusste ich nicht, was ich tun sollte. Ich glaubte, jetzt sei alles vorbei, und ich erinnere mich, dass ich dachte, und vielleicht auch laut sagte: „Oh, soll ich weitermachen?“ Es brachte mich aus dem Konzept. Ich machte schließlich weiter. Dann hörte ich einen zweiten Buzzer, aber das war bloß Simon, der mit Davids Buzzer herumspielte, daher zählte es nicht.

Am Ende der drei Minuten stand ich da und wartete auf das Feedback der Juroren und ihr Urteil. Simon sagte, er wisse nicht, ob hier zu viel geredet oder zu viel getanzt worden sei. David, Amanda und Alesha waren wesentlich positiver. Alle drei gaben mir ein dickes fettes „Ja“ und ich erfuhr, dass ich in die nächste Runde käme. Wenn ich an den Auftritt zurückdenke, erinnere ich mich vor allem daran, wie kopflos Simon wirkte, und ich glaube, dies lag zum Teil daran, dass er selbst getanzt hatte. Das war ihm unangenehm. Die anderen drei hingegen hatten sich dabei sehr wohlgefühlt, ihren Körper ganz natürlich zu verschiedenen Rhythmen zu bewegen.

Tanzen kann unheimlich sein, das verstehe ich. Aber denken Sie daran, die Angst ist in Ihrem Kopf. Wir sind zum Tanzen geboren. Sie müssen die Angst nur spüren und es trotzdem tun.

Den „falschen Körper" haben

Ich habe sehr viele Menschen kennengelernt, denen es lieber wäre, sie könnten nur in ihrer Fantasie tanzen und müssten nicht ihren Körper zum Tanzen und Grooven einsetzen. Das verstehe ich gut. Ich habe oft selbst mit meinem Körper gehadert, der ganz sicher nicht der perfekte Körper zum Tanzen ist. Früher war er besser, aber selbst in seiner Blütezeit fand ich meine Beine fünf Zentimeter zu kurz. Wären sie fünf Zentimeter länger gewesen, wäre alles ganz anders gekommen, da bin ich mir sicher. Nur fünf Zentimeter mehr an jedem Bein hätten mir beim Springen enorme zehn Zentimeter mehr Spannweite von Zehenspitze zu Zehenspitze verliehen. Das hätte meine Sprünge transformiert. Heute gräme ich mich nicht mehr wegen fehlender fünf Zentimeter. Inzwischen machen mir eher überschüssige statt fehlender Messwerte Sorgen. Als ich professionell getanzt habe, war ich geschmeidige 57 Kilo leicht, jetzt wiege ich etwa 95 Kilo, und ich habe das Gefühl, ich bin auch kleiner geworden, aber das ist vielleicht nur eine optische Täuschung. Tanzen mit etwas mehr auf den Rippen bringt alle möglichen Herausforderungen mit sich. Doch die sind alle nur in meinem Kopf, größtenteils jedenfalls. Meine Sprünge sind natürlich kürzer, weil ich sowohl älter als auch schwerer geworden bin, und ich biege mich nicht mehr so leicht aus der Körpermitte heraus. Aber die meisten Probleme mit meinem Tanzkörper sind psychischer Natur. Ich schaue in den Spiegel und erwarte, dass ich einen Körperbau wie mit 57 Kilo zu sehen bekomme. Ich schaue mich im Saal um und habe das Gefühl, dass ich auffalle, weil ich schwerer bin als fast alle anderen. Natürlich falle ich auf. Aber eigentlich macht das nichts. Ich weiß aus meinen Forschungen, wie viele andere Menschen sich so fühlen wie ich – das gehört zum Menschsein dazu, und ich tue mein Bestes, mich mit diesen Gefühlen nicht länger aufzuhalten, weil ich mich beim Tanzen nämlich auch gut fühle.

Alter ist kein Hindernis

So viel zum Mangel an Selbstvertrauen und zu einer extremen Angst vor dem Tanzen als Hindernisse. Jetzt wollen wir uns einigen anderen Dingen zuwenden, die uns davon abhalten, selbst wenn wir eigentlich möchten.

Marie zeigt in ihrer Beschreibung, wie sie mithilfe des Tanzens ihre Wechseljahresbeschwerden besiegt, dass wir uns durch Tanzen stabil und unbeschwert fühlen können, und dass es zum ultimativen Gegenmittel gegen unsere Angst vor dem Altern werden kann.

Es ist ganz einfach: Wir sollten uns alle tanzend durchs Alter bewegen, weil Tanzen uns nicht nur Freude bereitet, sondern auch eine hervorragende Möglichkeit ist, die Herausforderungen zu bewältigen, vor die unser sich verändernder Körper uns stellt. Tanzen erhöht nachweislich die Kraft im Oberkörper, die Beweglichkeit, die Lungenkapazität und den Mineraliengehalt in den Knochen; es kann zu einer Verringerung des Body Mass Index (BMI) und einer Senkung des Ruhepulses beitragen. Wissenschaftliche Studien haben außerdem gezeigt, dass Tanzen Gleichgewicht, Gehfähigkeit und Körperwahrnehmung verbessert und sogar das Schmerzempfinden reduzieren kann (ich vermute, das ist der Grund, warum Leute die Nacht in High Heels durchtanzen können). Bei all diesen körperlichen Vorteilen ist es kein Wunder, dass Tanzen inzwischen bereits ärztlich verschrieben wird und in einigen Ländern bestimmte Tanzarten von der Krankenkasse bezahlt werden.

Die gesundheitlichen Vorteile, die Sie durch verschiedene Tanzformen erzielen, hängen bis zu einem gewissen Grad davon ab, welche Art des Tanzens Sie betreiben. Jede Form hat ihre eigene „Persönlichkeit" oder ihre Charakteristika. Manche Tanzstile sind gesellig und extrovertiert, andere nur für eine Person und in sich gekehrt; manche sind spontan und kreativ, andere traditionell und regelbasiert. Aber eines ist sicher: Die dynamischeren Formen des Tanzens – Disco, Jazz, Stepptanz und schnelle Gesellschaftstänze zum Beispiel – sind ein ebenso gutes Training wie viele Leichtathletik-Sportarten.

Die Intensität verschiedener körperlicher Aktivitäten wird auf einer Skala von 1–18 in sogenannten METs (*metabolic equivalents*), Metabolischen Äquivalenten, gemessen.[30] Zum Beispiel hat Ruhen (still auf einem Stuhl sitzen und nichts tun) einen MET-Wert von 1, schnelles Laufen hingegen einen MET-Wert von 18. Alle anderen körperlichen Aktivitäten liegen irgendwo dazwischen. Das zügige Fällen eines Baums mit einer Axt hat einen MET-Wert von 17, Boxen im Ring einen MET-Wert von 12, übliches Fahrradfahren hat einen MET-Wert von 8 und sexuelle Aktivität einen MET-Wert, der irgendwo zwischen 1 und 1,5 liegt. In diesem Kontext weist sexuelle Aktivität dieselbe körperliche Intensität auf wie das Stillsitzen auf einem Stuhl. Ich bedaure die Sexualpartner der Wissenschaftlerinnen und Wissenschaftler, die dies so entschieden haben.

Und was ist mit Tanzen? Nun ja, die MET-Intensitätswerte der verschiedenen Tanzarten reichen von 2,5 bis 10, was bedeutet, dass Tanzen so intensiv ist wie z. B. Hindernis- und Hürdenlauf und weitaus besser als Sex. Hinzu kommt, dass Sie allein, mit einem Partner oder in einer großen Gruppe tanzen können. Sie können an einem Abend mit einem Dutzend verschiedener Menschen tanzen, und wahrscheinlich schlafen Sie auch nach einer dreiminütigen Rumba nicht sofort ein.

Motivation – Das Warum des Verhaltens

Ach ja, Motivation. Oder deren Mangel. Von allen Gründen, die Menschen dafür finden, nicht zu tanzen, ist dies einer der hartnäckigsten. Oft wissen die Leute alles über die gesundheitlichen Vorteile des Tanzens und auch, dass sie tanzen „sollten", sie „wollen" sogar tanzen, aber ihre Motivation ist ihnen anscheinend irgendwo hinter dem Sofa verloren gegangen.

Ich schreibe dies im Flugzeug auf dem Weg von London zu einer Konferenz in Orlando. Bei der Anreise zum Flughafen sind zwei meiner Züge ausgefallen, und ich musste ein Ferntaxi nehmen, um rechtzeitig anzukommen. Der Taxifahrer hieß Simon, und wir kamen ins Gespräch über Bewegung und Sport. Er erzählte mir, dass seine Arbeit als Berufskraftfahrer, erst Lkws, dann Reisebusse und nun Taxis, schlecht für seine Gesundheit sei, weil er den ganzen Tag sitze. Er sagte, er wolle sich mehr bewegen und habe tatsächlich oft ans Tanzen gedacht, als eine Möglichkeit, Sport mit Geselligkeit zu verbinden, damit er mehr Zeit mit seiner Frau verbringen könne. Aber wenn er den ganzen Tag Auto fahre, werde er so müde, dass er abends zu Hause doch wieder nur vor dem Fernseher säße. Dann verriet er mir, warum er sich mehr bewegen muss. Sein Vater hatte gerade mit Mitte 80 einen schweren Herzinfarkt erlitten. Simon erkannte, dass sein Lebensstil auch bei ihm selbst zu einem erhöhten Herzinfarkt-Risiko beitragen könnte. Er sagte, er fühle sich übergewichtig, komme beim Treppensteigen außer Atem und äße sehr viel Fast Food. Er hatte Angst vor einem Herzinfarkt und wollte tun, was er konnte, um ihn zu verhindern. Er hatte alle einschlägigen Informationen, er wusste, dass sein Lebensstil schlecht für ihn war, und er hatte eine Ahnung davon bekommen, was die Zukunft bringen könnte. Dennoch und obwohl er dies alles wusste, konnte er sich immer noch nicht aufraffen, sich zu bewegen. Seine abendliche Müdigkeit, die, wie er sehr wohl wusste, von seiner sitzenden Lebensweise kam, hinderte ihn daran, seine möglicherweise lebensbedrohlichen Alltagsgewohnheiten zu ändern.

Also, was wissen wir über Motivation, und wie können wir dieses Wissen nutzen, um durch Tanzen aktiver zu werden? Eines der größten Probleme traditioneller Trainingsformen ist, dass die Menschen mit guten Vorsätzen beginnen, aber bald wieder aufhören.

Vor ein paar Jahren veröffentlichte die britische Verbraucherorganisation *Which?* (vergleichbar mit der deutschen Stiftung Warentest, jedoch ohne staatliche Zuschüsse, finanziert rein durch die Abonnements des gleichnamigen Verbrauchermagazins, Anm. d. Ü.) auf ihrer Website Forschungsergebnisse, die darauf schließen lassen, dass die Menschen in Großbritannien jährlich 37 Millionen britische Pfund (knapp 43 Millionen Euro) für ungenutzte Mitgliedschaften in Fitnessstudios verschwenden.[31] Wirklich! 37 Millionen Pfund jedes Jahr! Die Menschen sind eindeutig motiviert, regelmäßig ins Fitnessstudio zu gehen und tun dies zunächst auch, weil sie wissen, dass es ihnen guttut. Aber obwohl sie die ganze Ausrüstung kaufen, hören sie schon bald wieder auf. Die monatlichen Gebühren bezahlen sie dennoch weiter, vermutlich, weil sie vorhaben, wieder hinzugehen.

Eine fabelhafte Studie, die in Griechenland durchgeführt wurde, untersuchte die Trainingsmotivation von Männern im mittleren Lebensalter mit einer chronischen Herzinsuffizienz.[32] Die Männer wurden nach dem Zufallsprinzip in drei Gruppen eingeteilt. Eine Gruppe musste viel griechisch tanzen, die zweite musste viel Sport im Fitnessstudio treiben, und die dritte brauchte außer ihren normalen alltäglichen Aktivitäten nichts zu tun, und dies über einen Zeitraum von acht Monaten. Ihr Herz und ihr körperliches Wohlbefinden wurden zu Beginn und erneut am Ende der Studie getestet. Bei der Veröffentlichung der Ergebnisse zeigten sich drei erstaunliche Dinge.

Erstens war die Abbrecherquote in der Gruppe, die im Fitnessstudio trainierte, wesentlich höher als bei der Gruppe, die griechisch tanzte. Mit anderen Worten, Männer, die der Sportgruppe im Fitnessstudio zugewiesen worden waren, langweilten sich und gingen schließlich nicht mehr hin. Den Männern, die der Gruppe mit den griechischen Tänzen zugewiesen worden waren, machte das Erlebnis hingegen Spaß, und sie tanzten bis zum Abschluss der achtmonatigen Untersuchung weiter.

Hier kommt der Knackpunkt: Es gibt zwei Arten von Motivation, die extrinsische Motivation und die intrinsische Motivation. Bei der extrinsischen Motivation sind Sie motiviert, weil Ihnen jemand sagt, dass Sie es tun *müssen,* oder weil Sie das Gefühl haben, dass Sie es jemandem schuldig sind. Bei der intrinsischen Motivation geht es hingegen allein um Ihr persönliches Erleben, wenn Sie etwas tun. Mit anderen Worten, Sie tun etwas, weil Sie es tun *wollen,* nicht weil eine andere Person Sie unter Druck setzt. Bei intrinsischer Motivation tun Sie etwas aus Freude oder weil es Sie interessiert oder weil Sie glauben, es sei wichtig, dass Sie es tun. Bei dieser Studie gab es einen großen Unterschied in der intrinsischen Motivation zwischen den Männern in der griechischen Tanzgruppe und den Männern in der Fitnessstudio-Gruppe. Die Männer in der griechischen Tanzgruppe gaben an, dass sie tanzten, weil es ihnen Freude machte und weil sie das Gefühl hatten, es tue ihnen gut. Die Männer in der Fitnessstudio-Gruppe waren hingegen weniger intrinsisch motiviert. Sie gaben an, es mache ihnen nicht so viel Spaß und langweile sie, weshalb sie das Training abgebrochen und nicht mehr weitergemacht hätten.

Zweitens zeigten sich acht Monate nach Studienbeginn bei den Männern mit den griechischen Tänzen enorme Verbesserungen der kardiovaskulären Funktion, bei den Männern in der „Nichtstun"-Gruppe waren jedoch keine Verbesserungen eingetreten. Acht Monate lang zu tanzen, ist also eindeutig eine fantastische Möglichkeit, die Rekonvaleszenz des Herzens zu fördern, monatelanges Stillsitzen hingegen nicht. Drittens war bei den Männern sowohl in der Tanz- als auch in der Fitnessstudio-Gruppe eine Verbesserung des allgemeinen Gesundheitszustands festzustellen.

Wenn Sie Ihre Motivation zum Tanzen steigern wollen, müssen Sie Ihre extrinsische Motivation in eine intrinsische umwandeln. Eine weitere gute Möglichkeit zur Motivationssteigerung ist eine Motivations-Checkliste mit hilfreichen und hinderlichen Gründen:

MOTIVATIONS-CHECKLISTE

HILFREICHE GRÜNDE

- weil es mir Spaß macht
- weil es einfach zu mir gehört
- weil ich die Vorteile des Tanzens schätze

HINDERLICHE GRÜNDE

- weil ich ein schlechtes Gewissen hätte, wenn ich aufhören würde
- weil mich die Leute zum Tanzen drängen, wobei ich mich frage, warum ich überhaupt noch weitermache

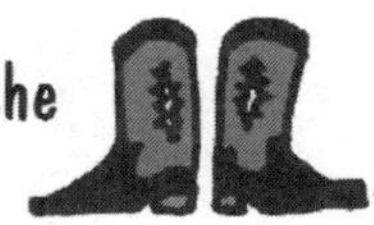

Vergessen Sie nicht, für Ihr Denken sind Sie selbst zuständig – es liegt an Ihnen, dafür zu sorgen, dass Ihr Kopf voller hilfreicher Gründe steckt. Machen Sie weiter. Sie wissen, dass Sie es wert sind!

KAPITEL 6

DIE TANZKUR

Es gibt eine Vitalität, eine Lebenskraft, eine Energie, eine Belebung, die durch dich in Aktion übersetzt wird, und dieser Ausdruck ist einzigartig ... Dich braucht nicht zu kümmern, wie gut oder wie wertvoll er ist oder wie er sich im Vergleich zu anderen Ausdrucksweisen macht. Dich braucht nur zu kümmern, dass er eindeutig und unmittelbar deiner bleibt, dass der Kanal offenbleibt.

Martha Graham

Seit Hunderten von Jahren nutzen Menschen den Tanz, um Gesundheit und Wohlbefinden zu steigern. Bekanntlich befahl Captain James Cook, der Kommandant der *HMS Endeavour*, seiner Mannschaft, den Sailor's Hornpipe zu tanzen, als sie über den Atlantik und den Südpazifik nach Neuseeland und weiter nach Australien segelten. Das Schiff *HMS Endeavour* stach 1768 von Plymouth aus zu ihrer Forschungsexpedition in See. Drei Jahre war sie unterwegs. Weil der Platz an Bord begrenzt war, galt der „Schiffs-Jig", wie Samuel Pepys den Tanz bezeichnet hatte, als eine sehr gute Möglichkeit für die Seeleute, sich fit zu halten. Sie konnten zu Musik tanzen, die entweder auf einer Fiedel oder einer Hornpfeife gespielt wurde. Die Grundschritte dieses Solotanzes, der auf das 15. Jahrhundert zurückgeht, sind einfach. Es wird sehr viel auf der Stelle gesprungen und gehüpft, also kommt das Herz auf Touren. Sobald die Seeleute versierter werden, führen sie komplexere Schrittfolgen und Rhythmen ein, wodurch sich die körperlichen und kognitiven Ansprüche des Tanzes erhöhen.

Captain Cook wusste, dass eine gute Gesundheit seiner Matrosen und seiner gesamten Mannschaft der Schlüssel zu einer erfolgreichen Entdeckungsreise um die Welt war. Da das Schiff Tausende Seemeilen von der Küste entfernt segelte und er nicht genau wusste, wann wieder Land in Sicht käme, konnte Cook die negativen Folgen eines sitzenden und ungesunden Lebensstils nicht riskieren und befahl daher seiner Mannschaft zu tanzen.

Captain Cook kannte sich aus. Er wusste, dass Tanzen uns gesund und munter hält, und dass es viel mehr im Mittelpunkt unseres gesellschaftlichen und beruflichen Lebens stehen sollte.

Wenn ich einmal über Aladins Wunderlampe stolpern sollte und ein Geist mir drei Wünsche gewähren würde, dann würde ich mir Folgendes wünschen: Erstens, dass sich die gesellschaftliche Wahrnehmung ändert und Tanzen als so normal gilt wie Gehen und Kaffeetrinken. Es wäre kein Tabu, den Groove zu spüren und sich zu bewegen. Die Leute würden auf dem Weg zur Arbeit oder zur Schule einfach durch die Straßen ziehen – tanzend oder joggend, Inliner oder Fahrrad fahrend.

Zweitens, dass in allen öffentlichen Räumen, zum Beispiel an Bahnhöfen, Flughäfen, Arbeitsplätzen, in Schulen, Einkaufszentren, Museen und Behörden, Dr.-Dance-Boogie-Kabinen errichtet würden. Dr.-Dance-Boogie-Kabinen sind einladende schalldichte Räume, wo Sie im wahrsten Sinne des Wortes tanzen können, als schaute niemand zu. Einige sind sogar so groß, dass viele Menschen gemeinsam darin tanzen können. Sie gehen in eine Dr.-Dance-Boogie-Kabine und tanzen völlig selbstvergessen. Diese Kabinen sind eine Wohltat für Herz und Gemüt.

Und drittens, dass freie und ausdrucksvolle Bewegung ein grundlegendes Menschenrecht wird, sowie dass die Rolle, die Bewegung bei der Verbesserung menschlichen Erlebens spielt, universell anerkannt wird. Lehrkräfte dürften Schülerinnen und Schüler nicht mehr rügen, wenn sie im Unterricht herumzappeln oder sich bewegen, und am Arbeitsplatz wäre es nicht mehr zulässig, Menschen bei der Ausübung ihrer Arbeit in ihrer Bewegung einzuschränken. Büros hätten voll gefederte Tanzböden statt Teppichböden. Beim Vorstellungsgespräch hätten die Bewerberinnen und Bewerber das Recht zu fragen, in welcher Form der Arbeitsplatz ihrem Grundrecht darauf entgegenkäme, den Groove zu spüren. Und es wäre gesetzlich verankert, dass Wartende zu einem Warteschlangentanz zusammenkommen müssen, sobald mehr als vier Personen in einer Reihe oder Schlange stehen.

Wenn der Tanz zu einem institutionalisierten Bestandteil unseres Alltags würde, wären wir eine glücklichere und gesündere Gesellschaft, davon bin ich fest überzeugt. Aber da es unwahrscheinlich ist, dass Unternehmen in nächster Zeit das Recht zu grooven fördern, muss ich mich damit begnügen, auf individueller Ebene Tanz-Rezepte auszustellen.

Eines habe ich in all den Jahrzehnten, in denen ich nun schon tanze und Tanzen unterrichte, gelernt, nämlich dass es wirklich in jeder Situation und in jedem Zustand einen Tanz oder eine Bewegungsmöglichkeit gibt, die helfen kann. Für dieses Kapitel habe ich mir den Spaß gemacht und zehn grundlegende tänzerische Rezepte zusammengestellt, die zur Verbesserung aller möglichen Aspekte unserer psychischen und physischen Gesundheit beitragen können – vom Stressabbau bis zur Beziehungsstärkung. Darin enthalten sind Tänze, die einzeln und in Gruppen sowie von Menschen unterschiedlichen Alters und mit unterschiedlichen Fähigkeiten getanzt werden können. Suchen Sie sich einfach die Tänze aus, die Sie ansprechen.

Zunächst jedoch ein kurzes Wort übers Atmen ...

Hinweis: Wenn Sie gesundheitlich angeschlagen sind oder sich von einer Verletzung erholen, sollten Sie medizinischen Rat einholen, bevor Sie mit einer neuen körperlichen Aktivität beginnen. Haben Sie die Freigabe zum Training erhalten, können Sie alle folgenden Tänze nach Herzenslust genießen.

Atmung

Atmen können wir alle – wir tun es tausende Male am Tag, ohne darüber nachzudenken. Wenn wir uns aber unserer Atmung bewusstwerden und sie im Einklang mit unseren Bewegungen einsetzen, können wir die Art und Weise, wie wir uns bewegen und fühlen, verändern.

Auf der funktionellen Ebene führt die Atmung unserem Blut, unseren Muskeln und jeder Zelle in unserem Körper Sauerstoff zu. Bei jedem Einatmen blähen sich unsere Lungen auf, unser Brustkorb dehnt sich aus und unser Zwerchfell zieht sich nach unten zusammen. Bei jedem Ausatmen vollzieht unser Körper die umgekehrte Bewegungsfolge, und wir werden Kohlendioxid los.

Die besten Tänzerinnen und Tänzer der Welt nutzen Atemkontrolle als zentrales Element beim Training und auf der Bühne. Auch wir können diese Techniken anwenden, um unsere Bewegungen effektiver zu gestalten. Hier sind die drei wichtigsten Lektionen, die ich bei der engen Zusammenarbeit mit professionellen Tänzerinnen und Tänzern gelernt habe.

1. Nutzen Sie Ihren Atem, um Ihre Emotionen zu kontrollieren

Zum Tanzen und für gezielte Bewegungen müssen wir maximale Kontrolle über unsere Muskeln haben. Wenn sie verspannt und wenig beweglich sind, kann das allerdings sehr schwierig werden. Stress und innere Anspannung können zu Muskelverspannungen und flacher Atmung führen. Aber wir können diesen Stress teilweise abbauen, indem wir uns auf unsere Atmung konzentrieren und sie bewusst steuern. Machen Sie folgende einfache Übung: Atmen Sie tief ein … und langsam wieder aus. Noch einmal. Seien Sie sich Ihrer Körperhaltung bewusst: Lassen Sie die Schultern sinken, stehen Sie zentriert in Ihrer Mitte, atmen Sie noch einmal tief ein …

2. Nutzen Sie Ihren Atem, um Ihre Ausdruckskraft zu kontrollieren

Für maximale Ausdruckskraft müssen wir unsere Bewegungen mit unserer Atmung synchronisieren. Im Ballett machen wir zu Beginn des Aufwärmens häufig eine Reihe von *Pliés*. Dafür stehen wir an der Stange, beugen die Knie und strecken sie wieder. Dies ist ein wunderbarer Ausgangspunkt für erste Überlegungen, wie wir unseren Atem mit unserer Bewegung verbinden können. Halten Sie sich an etwas fest, das sich ungefähr in Taillenhöhe befindet, zum Beispiel an einer Stuhllehne. Atmen Sie ein, und wenn Sie die Knie beugen, atmen Sie aus. Versuchen Sie, genauso lange auszuatmen wie Sie brauchen, um Ihre Knie bis zum tiefsten Punkt Ihres *Pliés* zu beugen. Atmen Sie dann ein, während Sie Ihre Knie wieder strecken und zu voller Körpergröße zurückkehren. Dieselbe Koordinationsübung für Atem und Bewegung können Sie mit den Armen machen. Es fühlt sich schön an, wenn Sie Ihre Arme im selben Rhythmus mit Ihrer Atmung bewegen, und plötzlich wird ein einfacher *Port de bras* (Haltung oder Bewegung der Arme im Ballett, Anm. d. Ü.) so ausdrucksvoll wie ein Gedicht von Wordsworth. Wenn Sie Gelegenheit erhalten, eine Aufführung eines klassischen Balletts wie zum Beispiel *Schwanensee* von einer professionellen Companie zu sehen, dann achten Sie einmal darauf, wie die Tänzerinnen und Tänzer Atmung und Bewegung nutzen, um ihre Gefühle auszudrücken.

3. Nutzen Sie Ihren Atem, um Ihre Ausdauer zu kontrollieren

Tanzen kann körperlich anstrengend und kraftraubend sein. Dass Tänzerinnen und Tänzer all ihr Tun mühelos erscheinen lassen müssen, während ihnen unter der ruhigen Oberfläche rasend schnell die Pumpe geht, habe ich bereits geschrieben. Wenn sie außer Atem geraten, verlieren sie auch die Kontrolle. Um sie wiederzuerlangen, müssen sie lernen, wie und wann sie ihre Herzfrequenz absenken können. Die besten Tänzerinnen und Tänzer schaffen es, während schneller Tanznummern Momente zu finden, in denen sie ihre Atmung verlangsamen können. Sie atmen ein paar Mal langsam und tief ein, halten dann den Atem ein paar Grundschläge lang an, bevor sie langsam durch den Mund wieder ausatmen und dies mithilfe ihrer Rippen und ihres Zwerchfells unterstützen. Probieren Sie es aus. Es funktioniert.

„Atmen nicht vergessen" ist ein Satz, den ich im Tanzunterricht millionenfach gehört habe. Manchmal konzentrieren sich Menschen so sehr auf ihre körperlichen Bewegungen, dass sie tatsächlich vergessen zu atmen. Atmen und Bewegen gehen Hand in Hand, und es ist wichtig, dass Sie nicht nur an Ihren sich bewegenden Körper denken, sondern auch an die Atemzüge, die diesen Bewegungen Leben einhauchen.

Jetzt kann's losgehen: Die Tanzkur.

1. Das Tanzkur-Rezept zur Verlängerung Ihres Lebens

Körperliche Aktivität wie zum Beispiel Tanzen kann die Gesamtmortalität effektiver verringern als Medikamente. Tatsache! Eine im September 2019 im *British Medical Journal* veröffentlichte Studie hat ergeben, dass regelmäßiges Tanzen zu einem um 20 bis 30 Prozent geringeren Risiko für Depression und Demenz, einem um 30 Prozent geringeren Risiko für Darmkrebs, einem um 20 Prozent geringeren Risiko für Brustkrebs und einem um 20 bis 35 Prozent geringeren Risiko für Herzkreislauf-Erkrankungen führt.[33]

Meist schaffen wir zu Hause Platz für einen Arzneischrank, aber wie viele von uns schaffen Platz zum Tanzen? Dabei haben alle Menschen zu Hause Platz zum Tanzen, denn wir können es überall tun, wo wir gerade sind; auf dem Sofa sitzend, vor dem Fernseher stehend oder im Bett liegend. Wenn Sie Platz haben, um ein Ei zu kochen, haben Sie auch Platz zum Abrocken.

Wenn das Tanzen für Sie etwas Neues ist oder wenn Ihnen der Einstieg schwerfällt, versuchen Sie es mit einem Mitmach-Tanzstil, der auf Ihre körperlichen Fähigkeiten abgestimmt ist. Hunderte stehen zur Auswahl, aber Zumba ist ein guter Einstieg, weil es sich für alle Altersstufen, Fitnessgrade und tänzerischen Fähigkeiten eignet. Sie müssen noch nicht einmal einen Kurs besuchen, sondern können zu Hause nach einem Online-Video tanzen.

Zumba ist eine Tanzform, die Ihre Herzfrequenz in die Höhe treibt. Getanzt wird zu Musik im Party-Stil, wobei der Leiter oder die Leiterin die Kursteilnehmer zu einer Reihe einfacher Tanzfiguren anleitet. Mitmach-Tänze sind fabelhaft für die Fitness, sie sind einfach und dynamisch, und weil Sie zu tollen Melodien tanzen, bilden diese Tänze tatsächlich die Grundlage für eine spiegelkugelfunkelnde Disco-Party.

2. Das Tanzkur-Rezept für mehr Empathie und bessere zwischenmenschliche Beziehungen

Wie empathisch sind Sie? Ein empathischer Mensch kann sich in andere hineinversetzen und hat Verständnis für ihre Gefühle und Erfahrungen. Empathie ist eine Form emotionaler Intelligenz, die grundlegend für zwischenmenschliche Beziehungen ist, weil wir mit ihrer Hilfe sinnstiftende Verbindungen knüpfen können. Sie ermöglicht es uns, eine Situation aus der Perspektive anderer zu betrachten und ihr Unbehagen oder ihre Notlage zu verstehen. In einem Interview mit Kirsty Young für die BBC-Kultursendung *Desert Island Discs* nannte Wayne McGregor, Resident Choreographer am Royal Ballet in London, ein großartiges Beispiel dafür, wie der Tanz den Zusammenhalt in einer Gemeinschaft fördern kann. Er beschrieb ein Projekt, das er in Nordirland geleitet hatte und bei dem hundert junge Menschen aus protestantischen und katholischen Gemeinden zusammengekommen waren, um an einem neutralen Ort vor ihren Familien einen Tanz aufzuführen. McGregor sagte, durch das gemeinsame Tanzen waren sie in der Lage, unmittelbare politische Spannungen zu überwinden, und die Erfahrung zeigte ihnen, „wie Kooperation und Zusammenarbeit aussehen können". Er formulierte es folgendermaßen:

> [Wenn Sie tanzen] entwickeln Sie mithilfe eines Körpers ein Gespräch, das über Worte hinausgeht ... wenn ich jemandes Gewicht erlebe, wenn die Person nach hinten fällt, bin ich dafür verantwortlich zu gewährleisten, dass sie nicht stürzt ... wenn Sie einen Körper, eine echte Präsenz, tatsächlich in Echtzeit spüren, beeinflusst dies alle Ihre Empfindungen in Bezug auf diesen Körper – es macht ihn persönlich. Es geht um das Individuum, und Sie erkennen, dass es aus demselben Fleisch und Blut ist. Es sagt Ihnen mehr über Ihre Ähnlichkeiten als Ihre Unterschiede.

Wie dieses Beispiel veranschaulicht, ist Tanzen eine großartige Möglichkeit, Ihre Fähigkeiten auf dem Gebiet der emotionalen Intelligenz zu verbessern. Studien haben gezeigt, dass Menschen, die bei Tests der emotionalen Intelligenz höhere Werte erzielen, im Leben tendenziell erfolgreicher sind.[34] Das Tolle daran ist, dass emotionale Intelligenz nicht starr ist – Sie können immer daran arbeiten, Ihre Empathiefähigkeit zu verbessern, und Tanzen ist dafür eine wunderbare Methode.

Der Gay Gordons ist ein schottischer Kontratanz, der ein Fenster zur Seele der Menschen öffnen kann, die ihn miteinander tanzen. Die Bewegungen sind leicht zu erlernen, aber es erfordert etwas Geschick und Übung, sie mit einem Partner auszuführen. Die Partner halten sich an beiden Händen und gehen zunächst vorwärts, machen dann eine Drehung und gehen rückwärts, gehen dann wieder vorwärts, bevor sie erneut eine Drehung machen und rückwärts gehen. Dann drehen Sie sich unter dem Arm Ihres

Partners auf der Stelle, kommen in einer Walzerhaltung wieder zusammen und tanzen im Polkaschritt durch den Raum. Der Gay Gordons ist ein wunderbarer Tanz zur Stärkung der emotionalen Intelligenz, weil Sie verstehen müssen, wo sich Ihr Partner oder Ihre Partnerin in Zeit und Raum gerade befindet, weil Sie daran denken müssen, wo sie oder er in ein paar Zählern sein muss und weil Sie ihm oder ihr helfen müssen, dorthin zu kommen (sowie dabei natürlich ständig im Auge behalten müssen, wo Sie sich selbst gerade in Raum und Zeit befinden). Wenn ich Menschen beim Gay-Gordons-Tanzen beobachte, kann ich erkennen, welche Tänzer einander empathisch unterstützen und welche sich dagegen sträuben, ihre Bewegungen an die Bedürfnisse des anderen anzupassen. In einem Kurs hatte ich eine Frau, die sich beim Gay Gordons nicht von ihrem eigenen, sehr wohl aber von einem anderen Mann führen lassen wollte. Wenn ich ihr beim Tanzen mit diesen beiden Männern zusah, war es, als beobachtete ich zwei völlig verschiedene Frauen beim Tanzen, in der Interaktion und in der Bewegung.

Ein weiterer Tanzstil, den Sie ausprobieren können, ist *Contact Improvisation*. Dabei handelt es sich um eine improvisierte, spontane Form der Bewegung, die auf Berührung und körperlichem Dialog aufbaut – stellen Sie sich vor, Sie führen ein Gespräch mit jemandem, bei dem Sie Worte durch Körperkontakt ersetzen. *Contact Improvisation* erfordert Bewegungs-Empathie, denn Sie müssen sensibel für die Bewegungen und Grenzen anderer Menschen sein, mit denen oder um die herum Sie sich bewegen, und Ihre Bewegungen entsprechend anpassen. Es ist eine fantastische Möglichkeit, Sensibilität für Gewicht, Kraft und Dynamik in

Charakter und Emotionalität anderer Menschen zu entwickeln.

3. Das Tanzkur-Rezept für Stressabbau und zur Stärkung der Resilienz

Wir alle verspüren zu bestimmten Zeiten im Leben ein gewisses Maß an Stress und Anspannung. Stress im richtigen Maß kann hilfreich sein, denn er treibt uns an, wenn wir uns auf etwas vorbereiten, beispielsweise eine Prüfung. Wenn das Stressniveau aber einen Punkt erreicht, an dem die Anforderungen unsere Ressourcen übersteigen, können wir uns mental oder emotional überfordert fühlen. Zu den üblichen körperlichen Anzeichen von Stress gehören ein erhöhter Puls, beschleunigte Atmung, angespannte Muskeln und vermehrtes Schwitzen. Länger andauernder Stress kann zu Kopfschmerzen, Schlafstörungen und Erschöpfung führen.

Emotionale Resilienz ist unsere Fähigkeit, uns an herausfordernde Umstände anzupassen, uns von Schwierigkeiten rasch zu erholen und wieder in Form zu kommen. Wie Empathie ist auch emotionale Resilienz nicht von Geburt an festgelegt – sie ist ein Wesenszug, der entwickelt werden kann, und wir können alle etwas dafür tun, sie zu erhalten und zu verbessern. Wir wissen, dass wir die Verbindung zu anderen Menschen brauchen, damit es uns gut geht und wir gesund bleiben. Wir müssen körperlich aktiv sein und auf unsere physische Gesundheit achten. Und wir müssen etwas nachsichtiger mit uns umgehen – indem wir gut zu uns sind, uns Auszeiten gönnen sowie zur Entspannung Hobbies und Interessen pflegen.

Der Pogo aus der Punk-Ära ist der perfekte Tanz, um Stress abzubauen und die Resilienz zu erhöhen. Punks tanzten in den 1970ern zur Musik der Sex Pistols und The Clash, indem sie wie auf einem Pogo-Stick, einem Springstock, auf und ab hüpften und dabei heftig zusammenstießen. Diese Art des Tanzens bedeutete, dass sie die Fähigkeit entwickeln mussten, sich schnell zu erholen und an die überfüllte Tanzfläche anzupassen – eine ausgezeichnete Lektion im Umgang mit den Herausforderungen des Lebens. (Zur Inspiration können Sie sich auf YouTube das Video von Debbie Harry ansehen, in dem sie den Amerikanern den Pogo erklärt – auch wenn sie einige überraschende Ergänzungen zu den Bewegungen einbaut!)

Wenn Sie keine Lust auf den wilden Pogo haben, gibt es auch andere Tänze, die Ihnen helfen können, über Resilienz nachzudenken. Falls Tanzen für Sie etwas Neues ist, versuchen Sie es mit dem Cha-Cha-Cha. Sind Sie schon etwas erfahrener, dann recherchieren und erlernen Sie einen der folgenden Tänze: die Chacarera aus Argentinien, den Carolina Shag aus den USA, den Chumak aus der Ukraine oder den Romvong aus Thailand. Einen schwierigen Tanzstil zu erlernen, kann frustrierend und anstrengend sein, aber wenn Sie ihn in ganz kleine Abschnitte einteilen und über mehrere Wochen daran arbeiten, können Sie Ihre emotionale Resilienzfähigkeit deutlich weiterentwickeln.

4. Das Tanzkur-Rezept für den Ausstieg aus dem alten Trott

Unser persönliches Umfeld ist für uns etwas Selbstverständliches. Anders über unser alltägliches Tun und unseren Umgang mit der Welt zu denken, fordert uns dazu heraus, den Wert, den wir bestimmten Aspekten unseres Lebens beimessen, zu überprüfen. Wenn wir immer das Gleiche tun und immer das Gleiche denken, geraten wir in einen Trott. Tanzen kann uns da herausholen.

Der Sailor's Hornpipe ist ein Tanz, der an Bord von Schiffen getanzt wird und ursprünglich dazu diente, die Seeleute auf langen Reisen körperlich aktiv zu halten. Er wurde so choreographiert, dass er die Bewegungsabläufe widerspiegelt, die auf See ausgeführt werden. Die Aktionen imitierten das Dichtholen der Segel, das Schrubben des Decks und das Absuchen des Horizonts nach Land. Lassen Sie sich von diesem nautischen Tanz inspirieren und denken Sie einmal darüber nach, welche Bewegungen für *Ihre* Welt, *Ihre* Schule oder *Ihren* Arbeitsplatz typisch sind. Wählen Sie zum Einstieg einen sich wiederholenden Sprung oder Hüpfschritt. Überlegen Sie sich dann vier Handlungen, die Ihre täglichen Pflichten oder die Dinge repräsentieren, die Sie üblicherweise im Laufe des Tages tun – vielleicht sitzen Sie am Computer und tippen oder Sie schwingen einen Hammer oder Sie füllen Regale in einem Supermarkt auf. Denken Sie an eine Bewegung, die Sie immer wieder tun, und fangen Sie dann an, sie zu variieren. Vielleicht können Sie sie in extremer Zeitlupe ausführen. Spüren Sie, wie die Bewegung einige Teile des Körpers stärker beansprucht als andere. Wenn Sie damit fertig sind, schmücken Sie die

Bewegung aus. Beziehen Sie zum Beispiel andere Körperteile mit ein.

Wenn Sie die Art und Weise verändern, wie Sie mit Ihrer Umgebung interagieren und Ihre täglichen Aktivitäten körperlich ausführen, verändert sich auch die Art und Weise, wie Sie über die Gewohnheiten denken, die Ihren Alltagstrott verursachen. Stellen Sie sich vor, dass er sich aus vielen kleinen individuellen Gewohnheiten entwickelt – wie Backsteine in einer Mauer. Erst wenn Sie sich dieser Gewohnheiten bewusst sind, können Sie Ihre Flucht planen und ausführen. Diese Übung wird Ihnen helfen, die Mauern einzureißen, die Sie einengen, und Ihre Gewohnheiten zu verändern, zunächst kaum merklich, dann dramatisch.

5. Das Tanzkur-Rezept für mehr Selbstliebe

Als Jugendlicher habe ich mich regelmäßig in Euphorie getanzt. Ich legte in meinem Zimmer Platten auf und tanzte und tanzte und tanzte, bis mir der Kopf brummte. Nichts konnte mich so sehr in einen Rausch versetzen wie das Tanzen. Das Fenster in meinem Zimmer ging auf eine stark befahrene Straße. Sobald es dunkel war, zog ich die Vorhänge auf, schaltete das Licht an und tanzte stundenlang vor dem zum Spiegel umfunktionierten Fenster. Mir war überhaupt nicht klar, dass mich draußen alle sehen konnten. Ich muss lächerlich ausgesehen haben, ein verschwitzter Junge, der wie wild im Zimmer herumhüpft. Aber das war mir egal, denn ich fühlte mich fabelhaft.

Wenn Sie unsicher sind oder wenn es Ihnen an Selbstwertgefühl mangelt, kann das Tanzen ganz allein zu Hause eine wunderbare Möglichkeit sein, wieder ein wenig Selbstliebe aufkeimen zu lassen. Es ermöglicht Ihnen, neue Bewegungen auszuprobieren und zu experimentieren. Es gibt Ihnen den Raum und die Zeit, ganz in der Musik und der Bewegung aufzugehen und sich selbst wirklich kennenzulernen, was Sie wiederum von Ihren Hemmungen befreien kann. Wenn Sie beginnen, sich stärker zu fühlen, wenn Sie allein sind, werden Sie feststellen, dass Sie auch in der Öffentlichkeit selbstsicherer werden.

Probieren Sie dieses Experiment aus und denken Sie dabei an den Unterschied zwischen Ihrem privaten und Ihrem öffentlichen Ich. Schließen Sie sich zunächst in wohliger Einsamkeit ein, spielen Sie Ihre Lieblingsmusik und tanzen Sie. Ganz gleich, ob Sie zu Gloria Gaynors „I Will Survive" oder zu Gershwins „Rhapsody in Blue" tanzen, bringen Sie durch Ihre Bewegungen Ihr wahres Ich, Ihre Gedanken und Gefühle zum Ausdruck. Nehmen Sie dann die Essenz Ihres privaten Tanzes und machen Sie daraus in Gedanken einen öffentlichen Auftritt. Wenn Sie öffentlich aufträten, welche Teile Ihres privaten Tanzes würden Sie drin lassen und welche herausnehmen? Welche Teile Ihres wahren Ichs würden Sie zeigen und welche würden Sie verbergen? Was denken Sie in diesem Zusammenhang über die Unterschiede zwischen Ihrem privaten und Ihrem öffentlichen Ich?

6. Das Tanzkur-Rezept für einen leichteren Umgang mit Veränderung

Wir alle durchlaufen Übergänge, weil wir uns verändern und weiterentwickeln. Zum Beispiel vom Kind zum Erwachsenen, vom Junior zum Senior, vom Untergebenen zum Chef, vom Single zum Partner – und vom Partner wieder zurück zum Single. Manche dieser Veränderungen verlaufen leicht, fast so, als hätten wir schon ein Leben lang darauf gewartet. Andere hingegen sind oft schwierig und unangenehm. Zwei Aspekte jedes Übergangs sind besonders anspruchsvoll: Einmal, wie wir damit umgehen, wie andere unsere veränderte Rolle sehen und darauf reagieren; und zum zweiten, wie gut wir selbst unsere neue gesellschaftliche Identität anerkennen und akzeptieren, ohne dabei auch nur ansatzweise die Vorstellung vom „Hochstapler-Syndrom“ zu entwickeln.

Linedance eignet sich hervorragend, um über die Veränderungen in unserem Leben nachzudenken – und darüber, wie wir ihnen begegnen. Sobald Sie einmal die Grundschritte eines Linedance erlernt haben, wiederholen Sie sie in verschiedenen Richtungen, nach vorne, nach hinten, nach rechts und nach links. Viele Menschen verwirrt dies, denn wir gewöhnen uns unweigerlich daran, alles mit einer gleichbleibenden Perspektive zu tun, und wenn wir diese Perspektive wechseln, wirft uns das womöglich aus unserer Komfortzone. Manchmal kann sich die Schrittfolge ändern, während wir uns durch den Raum bewegen, so wie sich auch Aspekte unserer selbst ändern, während wir durchs Leben gehen.

7. Das Tanzkur-Rezept zur Lösung sozialer Konflikte

Tanzen oder Bewegung ist eine großartige Möglichkeit zum Spannungsabbau in einem Konflikt, ganz gleich, ob es sich um ein Kräftemessen mit Ihrem Teenager oder eine heftige Auseinandersetzung in der Vorstandsetage eines

Unternehmens handelt. Bewegung kann oftmals die Blockade lösen und dazu beitragen, den Weg zu einer einvernehmlichen Lösung zu finden.

Notieren Sie sich in den nächsten sieben Tagen ein paar Beispiele für Konkurrenz- und Konfliktsituationen, die Sie in den Nachrichten, im Fernsehen oder im echten Leben beobachten. Halten Sie auch kurz fest, welche Bewegungen und Gesten die Menschen bei diesen Auseinandersetzungen machen. Welche Rolle spielt die Bewegung bei der Kommunikation ihres Verhaltens? Denken Sie dann an den zwischenmenschlichen Konflikt, den Sie selbst gerade erleben, und erstellen Sie eine Liste der typischen Bewegungen, die Sie und die Menschen, mit denen Sie sich im Konflikt befinden, verwenden, zum Beispiel abwehrend die Arme verschränken, große räumliche Distanz wahren, Blickkontakt vermeiden und so weiter. Jetzt sind Sie an der Reihe, einen neuen „Gesellschaftstanz" mit diesen Menschen zu erfinden. Sie müssen nichts zu ihnen sagen; Sie müssen nur die Art und Weise ändern, wie Sie mit ihnen interagieren. Verschränken Sie zum Beispiel in ihrer Gegenwart nicht die Arme, und versuchen Sie, Ihren persönlichen Raum zu verändern, wenn Sie in ihrer Nähe sind (indem Sie sich näher heran oder weiter wegsetzen, indem Sie sich seitlich statt direkt gegenübersetzen oder indem Sie stehen, statt zu sitzen), und nehmen Sie mehr Blickkontakt zu ihnen auf. Sie werden in sehr vielen Bereichen des zwischenmenschlichen Miteinanders positive Veränderungen feststellen.

Eine Tanzform, die sich fantastisch zur Beilegung sozialer Konflikte eignet, ist der Hiphop. Eine Therapeutin berichtete mir von einem Antiaggressionstraining, das sie mit einigen straffällig gewordenen jungen Menschen gemacht hat. Etwa nach der Hälfte einer Sitzung führte sie ein Hiphop-Tanzduell ein, mit dem erstaunlichen Effekt, dass die Spannung, die durch die Gespräche über Bandengewalt und Messerstechereien entstanden war, abgebaut wurde. Im Kern sozialer Konflikte stecken oft ein schwelendes Schweigen, unausgesprochene Worte und Feindseligkeiten. Für diese tiefsitzenden Gedanken und Gefühle bietet der Hiphop mithilfe von Körper und Gesicht ein Ventil. Die Bewegungen im Hiphop sind ungeschönt; sie sind improvisiert, roh und gefühlsgeladen.

Üben Sie vor dem Spiegel und projizieren Sie dabei die Figur, die im Zentrum Ihres Konflikts steht, in das Spiegelbild. Sagen Sie mit Ihrem Körper, was Sie in einem herkömmlichen Gespräch nicht sagen können. Sobald Sie in Ihren Bewegungen selbstsicher sind, können Sie sogar an persönlichen Tanzbattles teilnehmen, bei denen Sie alles herauslassen können. Denken Sie nur einmal an die Passinho-Tanz-Welle in Brasilien. Der Passinho wurde berühmt, nachdem eine Gruppe von Teenagern ein Video gepostet hatte, das zeigt, wie sie während eines Tanzduells im Hinterhof ihren Spaß haben. Der Clip ging viral und inspirierte Hunderte junger Brasilianer, ihre Moves zu übernehmen. Er brach das Klischee von Gewalt und Kriminalität unter Jugendlichen in den *Favelas* und verankerte den Passinho so tief in der brasilianischen Kultur, dass er als Eröffnungstanz der Olympischen Spiele 2016 in Rio de Janeiro ausgewählt wurde. (Suchen Sie im Internet mit den Stichworten „Passinho Foda", um das Video zu sehen, mit dem alles anfing – und wenn Sie sehr experimentierfreudig sind, probieren Sie ein paar der Schritte selbst einmal aus!) Ganz gleich welchen Tanz Sie sich fürs Tanzen allein zu Hause aussuchen, spüren Sie die Befreiung. Sie wird Ihren Umgang mit Menschen in der realen Welt verändern.

8. Das Tanzkur-Rezept zur Entscheidungsfindung und Problemlösung

Wir alle haben wahrscheinlich schon den mentalen Konflikt erlebt, der entsteht, wenn wir eine Entscheidung nicht treffen oder ein bestimmtes Problem nicht lösen können. Ich habe einmal einen Professor über diesen mentalen Konflikt reden hören. Er verglich ihn mit einem durstigen Maultier. Er sagte seinen Studierenden, wenn man ein durstiges Maultier genau in die Mitte zwischen zwei Eimer Wasser stellt, verdurstet es, denn es kann sich nicht entscheiden, zu welchem Eimer es gehen soll.

Die meisten alltäglichen Probleme, die wir lösen müssen, sind trivial und haben im Großen und Ganzen kaum Konsequenzen: Welche Socken wir anziehen, was wir zum Abendbrot essen, welchen Film wir anschauen wollen. Manche Probleme können allerdings tiefgreifende Auswirkungen auf unser Leben haben: Ob wir uns um eine bestimmte Stelle bewerben, ob wir uns aus einer unglücklichen Beziehung lösen, ob wir wegen eines lästigen Knotens unter der Achsel zum Arzt gehen sollen. Der Prozess des Problemlösens beinhaltet, über viele Lösungsmöglichkeiten nachzudenken, jede für sich zu bewerten und dann eine Entscheidung zu treffen. In einigen Fällen müssen Sie Ihre Entscheidung im Licht neuer Informationen vielleicht noch einmal überprüfen und sich die Möglichkeit offenhalten, die Lösung im Laufe der Zeit zu verändern. Für manche Menschen, und Gruppen, ist es fast unmöglich, ein Problem zu lösen, weil sie sich im Entscheidungsfindungsprozess zu sehr verzetteln. Wir bezeichnen dies als „Paralyse durch Analyse“.

In diesem Fall wird Ihnen als Heilmittel eine Gruppentanz-Aktivität verschrieben, bei der Sie gezwungen sind, spontan Entscheidungen zu treffen. Sie brauchen ein paar andere Menschen, mit denen Sie tanzen können, und etwas Musik.

> Stehen Sie im Kreis und halten Sie einander an den Händen.
>
> Beginnen Sie mit dem linken Fuß und machen Sie acht Schritte nach links (dies sollte acht Zähler dauern). Machen Sie dann acht Schritte nach rechts (wieder acht Zähler).
>
> Alle gehen in die Mitte und klatschen (dies sollte vier Zähler dauern; Sie klatschen auf vier). Gehen Sie dann wieder zum Ausgangspunkt zurück und halten Sie sich an den Händen (wieder vier Zähler).
>
> Bei den abschließenden acht Zählern sollten wieder alle in die Mitte gehen und danach wieder einen Kreis bilden; dieses Mal müssen Sie aber darauf achten, dass Sie neben einer anderen Person stehen, bereit, alle Schritte zu wiederholen.

Dieser Tanz eignet sich deshalb so fabelhaft zum Nachdenken über mentale Konflikte, weil Sie nicht genau planen können, wo Sie sich an einem beliebigen Punkt des Tanzes befinden, da dies von den Entscheidungen anderer Personen abhängt. Genau wie im Leben.

9. Das Tanzkur-Rezept zur Steigerung der Kreativität

Ein zentraler Aspekt der Kreativität ist die Empfänglichkeit für neue Ideen, Empfindungen und Einflüsse sowie die Bereitschaft, an dem, was wir oder andere zuvor geschaffen haben, Veränderungen vorzunehmen. Dieser Prozess ständiger Veränderung und Entwicklung wird als „kreative Evolution“ bezeichnet.

Improvisation ist der Kern der kreativen Evolution. Dabei geht es darum, spontan und ohne Vorplanung etwas Neues zu erschaffen. Man könnte es als das Gegenteil des Handelns aufgrund rationaler Überlegungen bezeichnen. Improvisieren heißt spontan sein – ungezwungen sein und aus freien Stücken handeln, ohne Rücksicht auf vorgegebene Regeln oder Grenzen.

Natürlich muss unsere Freiheit gelegentlich ins richtige Verhältnis zu unserer Verpflichtung gesetzt werden, innerhalb bestimmter gesellschaftlicher Regeln zu denken und zu handeln. Eines meiner Lieblingsbeispiele für dieses Spannungsverhältnis zwischen Freiheit und gesellschaftlichen Regeln ist Stephen Gough, der als der „Nacktwanderer“ bekannt wurde. Bis 2015 hatte Gough über acht Jahre im Gefängnis gesessen, weil er sich weigerte, in der Öffentlichkeit Kleidung zu tragen. Er war kein Exhibitionist oder Sexualstraftäter, er wollte eben einfach nur keine Kleidung tragen.

In einem tänzerischen Kontext beschreibt Zadie Smith den Unterschied zwischen regelbasiertem, präskriptivem Tanz und befreitem, unbeschwertem Tanz am Beispiel der Nicholas Brothers – zweier überragender Schwarzer amerikanischer Tänzer, deren Auftritt in dem Film *Stormy Weather* Fred Astaire als „das größte Beispiel für Tanz im Film, das ich je gesehen habe" bezeichnet hat. Smith schreibt:

> Ich meine immer, einen kleinen Unterschied zwischen Harold und Fayard zu erkennen, und das interessiert mich, ich verstehe es als eine Art Lektion. Fayard geht es, so scheint mir, mehr um [die] Verantwortung für die Darstellung, wenn er tanzt: Er sieht aus wie seine Rolle, er ist seine Rolle, seine Korrektheit ist unanfechtbar. Er ist formal, beherrscht, technisch untadelig: Er macht Schwarzen Tänzern alle Ehre. Harold aber überlässt sich der Freude. Sein Haar verrät ihn: Während er tanzt, löst es sich aus der dicken Schicht Stylingcreme, die er immer aufgetragen hat. Die unbezähmbaren Afro-Locken springen heraus, und er versucht nicht einmal, sie zurückzustreichen. Zwischen Korrektheit und Freude: Wählen Sie die Freude.[35]

Schauen Sie sich das Video der Nicholas Brothers in *Stormy Weather* an, um den Moment zu entdecken, von dem Smith spricht – und dann will ich wissen, ob Sie nicht auch lächeln müssen.

Mit spontanen Bewegungen zu experimentieren, ohne sich Gedanken über die korrekte Ausführung zu machen, ist eine enorm lohnende Erfahrung. Der Contemporary Dance (zeitgenössischer Tanz) ist eine großartige Möglichkeit, dies auszuprobieren, denn er ist von Natur aus kreativ, und es geht dabei darum, sich in neuen Formen und Mustern zu bewegen. Für manche Menschen kann es ungewohnt und unangenehm sein, wenn sie den Contemporary zum ersten Mal ausprobieren, weil sie mit ihrem Körper womöglich Dinge tun, die sie noch nie gemacht haben. Wenn es Ihnen so geht, kämpfen Sie nicht dagegen an – lassen Sie sich darauf ein und sehen Sie, wohin es Sie führt.

Auf der Tanzfläche zu improvisieren, die Freiheit und Spontaneität der Bewegung zu Ihrer Lieblingsmusik zu erleben, kann ein Katalysator fürs Loslassen von Rationalität sein. Dafür braucht es Disco. Oder Rock. Der Knackpunkt ist: Sie müssen beides mischen. Allzu leicht verfallen wir in festgelegte Bewegungsmuster – Schritt-Tap, Schritt-Tap, Schritt-Tap. Für den Anfang ist das auch in Ordnung, aber versuchen Sie, gleichzeitig noch etwas anderes zu machen. Machen Sie große Bewegungen, kleine Bewegungen, versuchen Sie, jeden beweglichen Teil Ihres Körpers zu bewegen (nicht unbedingt alle auf einmal), und spüren Sie die Freiheit.

10. Das Tanzkur-Rezept zur Steigerung von Selbstvertrauen und allgemeinem Wohlbefinden

Tanzen schenkt uns einen Puls, einen Lebensfunken. Es fördert die ultimative Verbindung zwischen Geist und Körper und ist eine brillante Möglichkeit, wie wir uns in unserer Haut wohler fühlen können.

Welche Beziehung haben Sie zu Ihrem Körper? Wir leben zwar von der Geburt bis zum Tod mit ihm, doch er verändert sich ständig. Er wird breiter und schmaler, und irgendwann funktionieren Teile nicht mehr richtig, er wird langsamer – und wir müssen uns an diese Veränderungen gewöhnen. Diese Entwicklung unseres Körpers – wie wir ihn wahrnehmen und wie er von anderen wahrgenommen wird – bildet einen großen Teil unserer persönlichen Identität.

Ich weiß aus Erfahrung, dass es unsere Lebensqualität enorm verbessern kann, wenn wir uns mit unserem Körper arrangieren, der sich durch Alter oder Krankheit verändert. Für dieses abschließende Rezept möchte ich daher zwei Tanzformen empfehlen, die beide wunderbar geeignet sind, Körperbewusstsein und körperliches Selbstvertrauen zu stärken: Bauchtanz und Ballett.

Der Bauchtanz hat seinen Ursprung im Nahen Osten, und in Ägypten, der Türkei und im Libanon haben sich unterschiedliche Stile entwickelt. Beginnen Sie, indem Sie mit Ihren Bauchmuskeln vom Brustkorb bis zur Taille eine Wellenbewegung beschreiben und dann die Hüften in Form einer Acht kreisen lassen. Sobald Sie den Bogen raushaben und eine schöne flüssige Acht hinbekommen, können Sie sich wunderbar ausdrücken, indem Sie zugleich schöne Armbewegungen machen. Weil Ihre Bauchmuskeln und Hüften das Zentrum Ihres Körpers bilden, gilt: Wenn *sie* sich bewegen, bewegt sich alles.

Mit „Barre“ werden eine Reihe von Ballettübungen bezeichnet, bei denen man sich im Allgemeinen an einer Stange (frz. barre), oder an der Rückenlehne eines Stuhls festhält.

Ballett ist ein fantastisches Training, weil dabei fast alle Muskelgruppen im Körper beansprucht werden, und der Rhythmus dieser Muskelbewegungen Sie dazu anregt, tief zu atmen, sodass die Lungen vollständig ausgedehnt und wieder zusammengezogen werden. Die Übungen an der Ballettstange trainieren den ganzen Körper mit langsamen und schnelleren Bewegungen. Sie sind eine perfekte Möglichkeit, sich etwas Zeit zum Nachdenken darüber zu gönnen, wie sich Ihr Körper bewegt und anfühlt. Bei mir zu Hause haben wir eine Ballettstange, die die ganze Familie nutzt.

SCHLUSSWORT

TANZEN WIR!

Tanzen ist, wie wir gesehen haben, ein Geschenk für Körper und Seele. Es heilt ganzheitlich: Wenn Sie einen Aspekt Ihrer selbst durch Tanzen ansprechen, werden Sie spüren, wie sich die Vorteile auf Ihr gesamtes Wesen übertragen.

Bevor ich dieses Buch beende, möchte ich Ihnen einige meiner Lieblings-Definitionen und -Beschreibungen der Freuden des Tanzens mitgeben. Sie stammen von den weltbesten Denkerinnen und Denkern, Tänzerinnen und Tänzern und erzählen von der Universalität und Vielfalt dessen, was Tanzen bedeutet.

Die amerikanische Fantasy-Autorin Amelia Atwater-Rhodes erfasst das Wesen des Tanzes als Schnittstelle zwischen Vergangenheit und Zukunft, als das Jetzt: „In einer Gesellschaft, die Liebe, Freiheit und Schönheit verehrt, ist Tanz heilig. Er ist ein Gebet für die Zukunft, ein Gedenken der Vergangenheit und ein freudiger Ausruf des Dankes für die Gegenwart."[36]

Tanz lässt sich ganz gewiss als freudiger Ausruf des Dankes für die Gegenwart definieren, als eine Feier dessen, dass wir hier und in der Lage sind, den nächsten Atemzug zu tun. Eckhart Tolle, der Autor von *Jetzt! Die Kraft der Gegenwart*, erklärte es folgendermaßen: „Das Leben ist der Tänzer und du bist der Tanz."[37]

Wenn ich Tolles Definition lese, dann denke ich an das Leben nicht nur als unser lebendiges, atmendes Ich, sondern vielmehr als unsere Verbindung sowohl zu unserem unmittelbaren Umfeld als auch zum Universum als Ganzes. „Das Leben ist der Tänzer ..." heißt für mich, dass das Universum das ist, was tanzt, und „...du bist der Tanz" bedeutet, dass wir, in diesem Augenblick, das Produkt oder Resultat des tanzenden Universums sind.

Die außergewöhnlich ausdrucksvolle Tänzerin Isadora Duncan machte diese Idee zu einer geradezu heiligen Aufgabe. Sie schrieb: „Der Tanz ist die Bewegung des Weltalls ... in einem individuellen Körper konzentriert."[38]

Isadoras Leben war erfüllt von Tanz, bis zu ihrem Tod im Jahr 1927, als sich ihr langer Schal im Rad eines Automobils verfing, in dem sie mitfuhr. In diesem Augenblick hat sich die Bewegung des Weltalls in einem (ihrem) individuellen Körper konzentriert; die Bewegung des Autos, der Wind, die dahinrollende Straße, der lange, wehende Schal.

Voltaire betrachtete das Tanzen als eine harmlosere Aktivität: „Lasst uns lesen und lasst uns tanzen. Diese beiden Vergnügungen werden der Welt niemals Schaden zufügen."[39]

Ich glaube, damit meinte er, dass sowohl Lesen als auch Tanzen universell harmonische Tätigkeiten sind, und dass es eine natürliche Reaktion auf das Leben ist, sich in positiver Weise mit beidem zu befassen. Lesen verstehe ich hier im weitesten Sinne – d. h. nicht nur als das Aufsaugen des geschriebenen Worts, sondern auch als das Wahrnehmen der Bewegung der Bäume sowie des Gesichtsausdrucks der Menschen und ihrer Stimmung. Auch der Tanz ist eine körperliche und emotionale Interaktion mit unserer Umgebung. Er ist der Herzschlag gesellschaftlichen Engagements, unsere Verbindung zur Welt und zu den Menschen, mit denen wir auf ihr leben.

Tanzen macht uns glücklich. So einfach ist das. In Taika Waititis Film *Jojo Rabbit* aus dem Jahr 2019, der die Geschichte von Johannes „Jojo" Betzler, einem begeisterten Hitlerjungen, erzählt, der herausfindet, dass seine Mutter auf dem Dachboden ein jüdisches Mädchen versteckt, gibt es einen wunderbaren Moment, in dem Jojo das Mädchen fragt, was sie als allererstes tut, wenn sie ihre Freiheit wiederhat. Ihre prompte Antwort: „Tanzen".

Danke, dass Sie *Tanz einfach* bis zum Ende gelesen haben. Meine Abschiedsbotschaft an Sie lautet: Seien wir glücklicher und gesünder, seien wir kreativer, leben wir in Harmonie mit den Menschen und Dingen in unserer Umgebung, und vor allem: Tanzen wir!

Denken Sie daran: Wenn Sie ein bisschen Bewegung brauchen oder wenn Sie Ihre Stimmung aufpeppen wollen, müssen Sie nur Ihre Lieblingsmusik auflegen und den Groove spüren. Und wenn Sie eine todsichere Tanznummer dafür möchten, dann kommt hier mein Dr. Dance *Happy Dance* (Klicken Sie zur Inspiration den Link zum Video auf peterlovatt.com an):

Winken mit der rechten Hand, Winken mit der linken Hand (1–4)
Weiter mit ein bisschen Boogie (5–8)
Pfeil und Bogen nach rechts (1–4)
Zweimal nach rechts schnippen, zweimal nach links schnippen (5–8)
Pfeil und Bogen nach links (1–4)
Zweimal nach links schnippen, zweimal nach rechts schnippen (5–8)
Regenbogen-Arme von rechts nach links (1–4)
Regenbogen-Arme von links nach rechts (5–8)

Mit dem rechten Fuß beginnen
Drei Schritte vorwärts und klatschen (1–4)
Drei Schritte rückwärts und klatschen (5–8)
Drei Schritte vorwärts und klatschen (1–4)
Drei Schritte rückwärts und klatschen (5–8)

Drei Schritte nach rechts und klatschen (1–4)
Drei Schritte nach links und klatschen (5–8)
Drei Schritte nach rechts und klatschen (1–4)
Drei Schritte nach links und klatschen (5–8)

Schritt, Drehung, Schritt nach rechts und klatschen (1–4)
Schritt, Drehung, Schritt nach links und klatschen (5–8)
Schritt, Drehung, Schritt nach rechts und klatschen (1–4)
Schritt, Drehung, Schritt nach links und klatschen (5–8)

Rechter Fuß
Hacke, Spitze, Hacke, Spitze (1–4)
Rechten Zeigefinger waagerecht diagonal vor dem Körper ausstrecken und einen Bogen von links nach rechts beschreiben (5–8)

Hacke, Spitze, Hacke, Spitze (1–4)
Rechten Zeigefinger vom Körper weg diagonal nach oben ausstrecken (im John-Travolta-Stil) und dann zur Hüfte führen, zweimal (5–8)

Hacke, Spitze, Hacke, Spitze (1–4)
Rechten Zeigefinger diagonal vor dem Körper ausstrecken und einen Bogen von links nach rechts beschreiben (5–8)

Hacke, Spitze, Hacke, Spitze (1–4)
Rechten Zeigefinger vom Körper weg diagonal nach oben ausstrecken (im John-Travolta-Stil) und dann zur Hüfte führen, zweimal (5–8)

Lassen Sie jetzt Ihren Körper los und grooven Sie zur Musik. Tun Sie, was immer sich gerade gut anfühlt, und wenn Sie soweit sind, dass Sie den Dr. Dance *Happy Dance* noch einmal machen möchten, dann strecken Sie einfach die rechte Hand hoch in die Luft, geben Sie sich ein 5, 6, 7, 8 und los geht's.

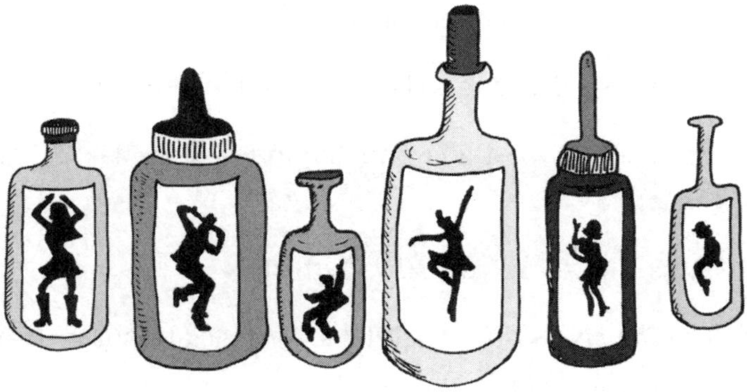

DIE TANZ-APOTHEKE

Dieses Buch wäre nicht vollständig ohne eine lange Liste mit Medikamenten aus der *Tanz einfach*-Hausapotheke. Im Folgenden also einige meiner Lieblings-Musiktitel zum Tanzen sowie Videos und Dinge, auf die Sie zurückgreifen können, wenn Sie Inspiration brauchen.

Die Dr. Dance Top Ten Tanztitel

1. *MacArthur Park* [Suite] – Donna Summer (die vollständige 17-Minuten-Version)

2. *Lost in Music* – Sister Sledge (Remix von Bernard Edwards und Nile Rogers von 1984)

3. *Rapper's Delight* – The Sugar Hill Gang (12"-Maxi-Single-Version)

4. *Wham Rap! (Enjoy what you do?)* – Wham!

5. *On the Floor* – Jennifer Lopez ft. Pitbull
6. *Street Life* – Crusaders (12"-Maxi-Single-Version)
7. *Breakin' Down* – Julia and Company (12"-Maxi-Single-Version)
8. *Wings (The Alias Radio Mix)* – Little Mix
9. *Turn the Music Up* – The Player's Association (12"-Maxi-Single-Disco-Version)
10. *Don't Stop 'Til You Get Enough* – Michael Jackson (6-Minuten-Version)

Die Dr. Dance Top Ten Groovy Titel (wissenschaftlich inspiriert)

1. *Superstition* – Stevie Wonder
2. *Soul Bossa Nova* – Quincy Jones
3. *Flashlight* – Parliament
4. *Sing, Sing, Sing* – Benny Goodman
5. *In the Mood* – Glenn Miller
6. *Come Fly with Me* – Frank Sinatra
7. *Take Five* – Dave Brubeck
8. *Could You Be Loved* – Bob Marley & the Wailers
9. *Summertime* – Al Jarreau
10. *Don't stop me now* – Queen

Die Dr. Dance Top Ten Musical-Titel zum Mitsingen und Mittanzen

1. „Hello, Dolly!“ aus *Hello, Dolly!* (die Aufnahme mit der Originalbesetzung aus dem Film ist meine Lieblingsversion)
2. „Good Morning“ aus *Singin’ in the Rain* (in Originalbesetzung)
3. „Lullaby of Broadway“ aus *42nd Street* (in Originalbesetzung)
4. „One“ aus *A Chorus Line* (in Originalbesetzung)
5. „Cabaret“ aus *Cabaret* (in der Version von Liza Minnelli)
6. „Simple Joys“ aus *Pippin* (in Originalbesetzung von 1972)
7. „America“ aus *West Side Story* (in Originalbesetzung)
8. „If I Were a Rich Man“ aus *Fiddler on the Roof* (in Originalbesetzung)
9. „Don’t Rain On My Parade“ aus *Funny Girl* (meine Lieblingsversion ist die in der Besetzung aus der Musikserie *Glee*)
10. „I Am What I Am“ aus *La Cage aux Folles* (meine Lieblingsversion mit George Hearn)

Die Dr. Dance Top Ten Tanzszenen in Filmen

1. „Moses Supposes“ aus *Singin' in the Rain* youtube.com/watch?v=tciT9bmCMq8
2. „What a Feeling“ aus *Flashdance* (1983) youtube.com/watch?v=VzALZjolx0g
3. „Rhythm of Life“ aus *Sweet Charity* youtube.com/watch?v=xKSA049xkiU
4. „Opening Sequence“ aus *A Chorus Line* (Kinoversion von 1985) youtube.com/watch?v=NJGaktlsD48
5. „Prolog“ aus *West Side Story* (1961) youtube.com/watch?v=bxoC5Oyf_ss
6. „Hot Lunch Jam“ aus *Fame* (1980) youtube.com/watch?v=QMMHut0t-HU
7. „We're All in This Together“ aus *High School Musical* youtube.com/watch?v=DykVJl6wr_4
8. „Heaven“ aus *Top Hat* (1935) youtube.com/watch?v=ILxo-TUkzOQ
9. „Shake a Tail Feather“ aus *The Blues Brothers* (1980) youtube.com/watch?v=qdbrIrFxas0
10. „The Broadway Melody Ballet“ aus *Singin' in the Rain* (1952) youtube.com/watch?v=QOxpnWbzOco

Die Dr. Dance Top Twenty der schnell wirkenden Tanz-Heilmittel

Für ein Gefühl von Eleganz und Stolz – versuchen Sie's mit Ballett

Für ein erdiges, rhythmisches Gefühl – versuchen Sie's mit Stepp

Um Puls und Herzschlag zu spüren – versuchen Sie's mit Jazztanz

Um sich geistig fit zu fühlen – versuchen Sie's mit Contemporary

Für Partystimmung – versuchen Sie's mit Zumba

Für totale Lebendigkeit – versuchen Sie's mit Disco

Um sich jung und urban zu fühlen – versuchen Sie's mit Streetdance

Um sich retro und trendy zu fühlen – versuchen Sie's mit Lindy Hop

Um sich spontan und konkurrenzfähig zu fühlen – versuchen Sie's mit Hip-Hop

Für ein Gefühl von Ordnung und Einheit – versuchen Sie's mit Linedance

Für Selbstsicherheit in Ihrem Körper – versuchen Sie's mit Bauchtanz

Für ein Gefühl kontrollierter Expressivität – versuchen Sie's mit Flamenco

Für ein Gefühl von Tradition und Verwurzelung – versuchen Sie's mit Volkstanz

Für Nähe und persönliche Begegnung – versuchen Sie's mit Tango Argentino

Für ein Gefühl von Kraft und Stärke – versuchen Sie's mit Poledance

Wenn Sie mal etwas wagen wollen – versuchen Sie's mit Burlesque

Zur (Selbst-)Motivation – versuchen Sie's mit Cheerleading

Für Emotionalität – versuchen Sie's mit Musicaltanz

Für ein Gefühl von Sexiness – versuchen Sie's mit Rumba

Fürs Gemeinschaftsgefühl – versuchen Sie's mit Ceilidh-Tänzen

ANHANG

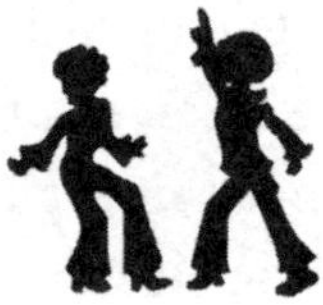

DANKSAGUNG

Dieses Buch wurde durch die Ideen, die Energie und die kreativen Begabungen mehrerer Menschen ins Leben gerufen. Zuerst möchte ich mich bei meiner Literaturagentin Charlotte Robertson für ihr erstaunliches Gedächtnis, ihre Unterstützung und Ermutigung bedanken. Vor etlichen Jahren haben Charlotte und ich uns zum ersten Mal über die Ideen in diesem Buch unterhalten, dann aber unterschiedliche Wege eingeschlagen. Als sich unsere Wege 2019 wieder kreuzten, erinnerte sich Charlotte noch ganz deutlich daran, welche Gefühle ich in einem Buch über den Tanz zum Ausdruck bringen wollte. Sie half mir, diese Gefühle mit Worten auszudrücken, und sie legte diese Ideen dem Verlag Short Books vor, was perfekt gepasst hat. Meinen Verlegerinnen Aurea Carpenter und Rebecca Nicolson von Short Books möchte ich dafür danken, dass sie den Titel ausgewählt und meinen ausschweifenden Wortschwall redigiert und gebändigt haben. Ihnen haben Sie den sprachlichen Formschnitt zu verdanken, ich hätte Ihnen ein zotteliges Gestrüpp geliefert. Helen Sutcliffe möchte ich für die wunderbaren Illustrationen danken, die die Worte auf der Seite perfekt akzentuieren und ihnen etwas Tänzerisches verleihen.

Es ist wohl unmöglich, genau zu bestimmen, in welchem Moment oder sogar in wessen Kopf eine Idee entsteht. Ich bezweifle, dass ich jemals eine gute Idee hatte, die ausschließlich meinem eigenen Kopf entsprungen ist. Ich möchte meiner Denkpartnerin Lindsey Lovatt danken. Lindsey und ich reden über alles. Wir spielen mit Ideen, wir teilen sie, verschieben sie, machen erst das eine und dann das andere daraus. Wir kitzeln gegenseitig Ideen aus uns heraus. Alle Ideen in diesem Buch sind genauso lange in Lindseys Kopf herumgewirbelt wie in meinem.

Ich habe das große Glück, mit einer Partnerin zu arbeiten, die die Ideen formt, und mit einem Lektoratsteam, das den Text formt. Die Stärke dieses Buches entsteht aus diesem Miteinander. Alle Schwächen sind ausschließlich meine.

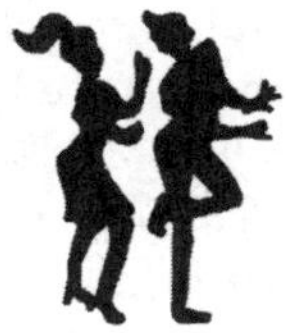

ANMERKUNGEN UND LITERATUR

1 W. Whitman, Grasblätter, Hanser 2009, S. 418.

2 I. Winkler, G. P. Haden, O. Ladinig, I. Sziller, H. Honing, „Newborn infants detect the beat in music.“ *Proceedings of the National Academy of Sciences,* 106(7) 2009, 2468–2471.

3 P. Janata, S. T. Tomic, J. M. Haberman, „Sensorimotor coupling in music and the psychology of the groove.“ *Journal of Experimental Psychology: General,* 141(1) 2012, 54–75.

4 T. Wang, „A hypothesis on the biological origins and social evolution of music and dance.“ *Frontiers in Neuroscience.* Vol 9 (30) 2015.

5 R. I. M. Dunbar, „Bridging the bonding gap: the transition from primates to humans.“ *Philos. Trans. R. Soc. Lond. B Biol. Sci.* 367 2012, 1837–1846. doi: 10.1098/rstb. 2011.0217.

6 R. I. M. Dunbar, „On the evolutionary function of song and dance“, in: N, Bannan, S. Mithen (Hrsg.), *Music, Language and Human Evolution,* Oxford University Press 2012, 201–214.

7 B. Tarr, J. Launay, R. I. M. Dunbar, „Music and social bonding: “Self-other” merging and neurohormonal mechanisms.“ *Frontiers in Psychology* 5 / 2014, 1096.

8 B. Tarr, J. Launay, R. I. M. Dunbar, „Silent disco: dancing in synchrony leads to elevated pain thresholds and social closeness.“ *Evol Hum Behav.* 09 / 2016, 37(5): 343–349. doi:10.1016/j.evolhumbehav.2016.02.004.

9 Miller, Tybur, Jordan, „Ovulatory cycle effects on tip earnings by lap dancers: economic evidence for human estrus?“ *Evolution and Human Biology* 28 / 2007, 375–381.

10 J. Waller, *The Dancing Plague: The Strange, True Story of an Extraordinary Illness*, Sourcebooks, Inc. USA 2009.

11 A. Brown, M. J. Martinez, L. M. Parsons, „The neural basis of human dance.“ *Cerebral Cortex*, Band 16, Ausgabe 8, August 2006, 1157–1167, https://doi.org/10.1093/cercor/bhj057.

12 D. M. Blanchette, S. P. Ramocki, J. N. O'del, M. S. Casey, „Aerobic Exercise and Creative Potential: Immediate and Residual Effects.“ *Creativity Research Journal* Band 17 2005, Nr. 2 & 3, 257–264.

13 H. Steinberg, E. A. Sykes, T. Moss, S. Lowery, N. LeBoutillier, A. Dewey, „Exercise enhances creativity independently of mood.“ *British Journal of Sports Medicine* 31 1997, 240–245.

14 Die Fernsehsendung hieß *Why Don't You?* (Warum machst du nicht ...?) und die BBC strahlte sie von 1973 bis 1995 aus. Sie hatte eine packende Titelmelodie, die folgendermaßen ging: https://www.youtube.com/watch?v=_uvev7hY5MU

15 C. Lewis, „The relationship between improvisation and cognition.“ University of Hertfordshire 2012, https://uhra.herts.ac.uk/bitstream/handle/2299/8890/05107372%20Lewis%20Carine%20-%20 final%20PhD%20submission.pdf?sequence=1
Siehe auch: C. Lewis, P. J. Lovatt, „Breaking away from set patterns of thinking: Improvisation and divergent thinking.“ *Thinking Skills and Creativity* 9 2013, 46–58.

16 E. C. Warburton, M. Wilson, M. Lynch, S. Cuykendall, „The cognitive benefits of movement reduction: Evidence from dance marking.“ *Psychological Science* 24(9) 2013, 1732–1739.

17 M. P. Walker, T. Brakefield, A. Morgan, J. A. Hobson, R. Stickgold, „Practice with sleep makes perfect: Sleep-dependent motor skill learning.“ *Neuron* 35 2002, 205–211.

18 M. E. Hackney, S. Kantorovitch, R. Levin, G. M. Earhart, „Effects of Tango on Functional Mobility in Parkinson's Disease: A Preliminary Study.“ *Journal of neurologic physical therapy* 31 2007, 173–179.

19 C. Lewis, L. E. Annett, S. Davenport, A. Hall, P. Lovatt, „Mood changes following social dance sessions in people with Parkinson's disease.“ *Journal of Health Psychology* 21(4) 2016, 483–492.

20 C. Livingston, H. Borko, „High School Mathematics Review Lessons: Expert-Novice Distinctions." *Journal for Research in Mathematics Education*, Band 21, Nr. 5 11/ 1990, 372- 387.

21 D. R. Carney, A. J. C. Cuddy, A. J. Yap, „Power Posing: Brief Nonverbal Displays Affect Neuroendocrine Levels and Risk Tolerance." *Psychological Science* 21 2010, 1363.

22 A. K.-Y. Leung, S. Kim, E. Polman, L. S. Ong, L. Qiu, J. A. Goncalo, J. Sanchez-Burks, „Embodied metaphors and creative "acts"." *Psychological Science* 23(5) 2012, 502–509.

23 S. C. Koch, K. Morlinghaus, T. Fuchs, „The joy dance: Specific effects of a single dance intervention on psychiatric patients with depression." *The Arts in Psychotherapy* 24 2007, 340–349.

24 Y.-J. Jeong, S.-C. Hong, M. S. Lee, M.-C. Park, Y.-K. Kim, C.-M. Suh, „Dance movement therapy improves emotional responses and modulates neurohormones in adolescents with mild depression." *International Journal of Neuroscience* 115:12 2005, 1711–1720.

25 A. Lane, D. J. Lovejoy, „The effects of exercise on mood changes: The moderating effect of depressed mood." *Journal of Sports Medicine and Physical Fitness* 41(4) 2001, 539–545.

26 Health Development Agency (Hrsg.), „Arts for health: A review of good practice in community-based arts projects and initiatives which impact on health and wellbeing." 2000, zu finden unter: www.hda-online.org.uk

27 G. Burgess, S. Grogan, L. Burwitz, „Effects of a 6-week aerobic dance intervention on body image and physical self-perceptions in adolescent girls." *Body Image* 3 (1) 2006, 57–66.

28 Y. Karouda, G. Geisler, P. C. H. Morel, J. Hapeta, „Stress, Emotions, and Motivational States Among Traditional Dancers in New Zealand and Japan." *Psychological Reports* Band 120(5) 2017, 895–913.

29 P. J. Lovatt, „Dance Confidence, age and gender." *Personality and Individual Differences* 50 2011, 668–672.

30 B. E. Ainsworth, W. L. Haskell, M. C. Whitt, M. L. Irwin, A. M. Swartz, S. J. Strath, W. L. O'Brien, D. R. Bassett Jr., K. H. Schmitz, P. O. Emplaincourt, D. R. Jacobs Jr., A. S. Leon, „Compendium of physical activities: an update of activity codes and MET intensities." *Medicine and Science in Sports and Exercise* 32(9) 2000, 498–504.

31 P. Steen, „Are you wasting cash on an unused gym membership?" Verbrauchermagazin *Which?* 2011, https://conversation.which.co.uk/travel-leisure/are-you-wasting-money-on-an-unused-gym-membership/

32 A. C. H. Kaltsatou, E. I. Kouidi, M. A. Anifanti, S. I. Douka, A. P. Deligiannis, „Functional and psychosocial effects of either a traditional dancing or a formal exercising training program in patients with chronic heart failure: a comparative randomized controlled study.“ *Clinical Rehabilitation* 28(2) 2014, 128–138.

33 C. Haseler, R. Crooke, T. Haseler, „Promoting physical activity to patients.“ *British Medical Journal* 366 2019: l5230 doi: 10.1136/bmj.l5230

34 S. C. Chong, M. Falahat, Y. S. Lee, „Emotional intelligence and job performance of academicians in Malaysia.“ *International Journal of Higher Education* 19(1) 2020, 69–80.

35 Z. Smith, „Dance Lessons for Writers.“ *The Guardian* 2016: https://www.theguardian.com/books/2016/oct/29/zadie-smith-what-beyonce-taught-me

36 A. Atwater-Rhodes, The Shapeshifters: The Kiesha’ra oft he Den of Shadows, Delacorte Press 2010.

37 E. Tolle, Eine neue Erde, Random House 2015, S. 125.

38 I. Duncan, Der Tanz der Zukunft. Eine Vorlesung, Diederichs 1903, Abschnitt 29, https://archive.org/stream/dertanzderzukunf00dunc/dertanzderzukunf00dunc_djvu.txt

39 Dictionnaire philosophique portatif, Stichwort „liberté d’imprimer“.

BILDNACHWEISE

1 Peter Lovatt mit 9 Jahren, eingekleidet für das jährliche Country-Dancing-Festival im Gorhambury House. Sammlung Peter Lovatt
2 Peter Lovatt mit 14 Jahren mitten in einer Drehung bei einem Discotanz-Wettbewerb. Sammlung Peter Lovatt
3 Peter Lovatt beim Proben in einem silbernen Catsuit in seinem ersten Jahr an der Guildford School of Acting. Sammlung Peter Lovatt
4 Peter Lovatt an Bord des Kreuzfahrtschiffes MV Oceanos auf einer Tour in der Karibik. Sammlung Peter Lovatt
5 Tänzerinnen auf einer Wandmalerei in der Grabkammer des Nebamun in Ägypten, um 1350 v. Chr. Open Source: https://en.wikipedia.org/wiki/Dance_in_ancient_Egypt#/media/File:Musicians_and_dancers_on_fresco_at_Tomb_of_Nebamun.jpg
6 Der *Dr. Dance* Flashmob in Leeds, für eine Sendung auf Channel 4
7 *Tanz bei Meulebeeck* von Pieter Brueghel dem Jüngeren (1564–1638) zeigt den Ausbruch einer „Tanzwut". Open Source: https://commons.wikimedia.org/wiki/File:Dance_at_Molenbeek.jpg
8 Jerome Robbins inszeniert eine Szene am Drehort für *West Side Story*. Granger Historical Picture Archive / Alamy Stock Photo.
9 Britische Marinekadetten tanzen den „Sailor's Hornpipe".
10 Das Tanzduo The Nicholas Brothers. Masheter Movie Archive / Alamy Stock Photo.

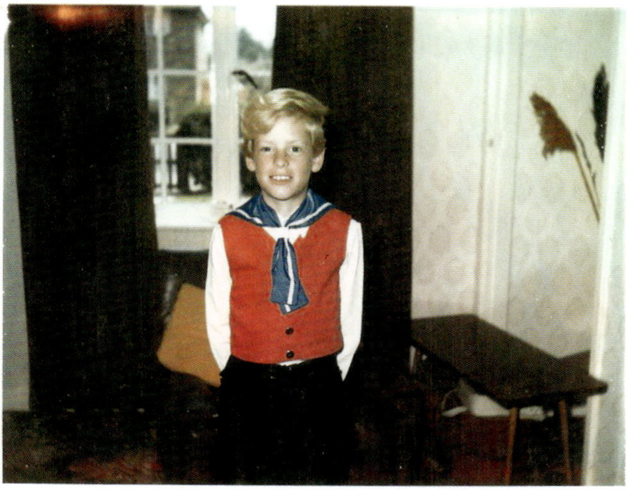

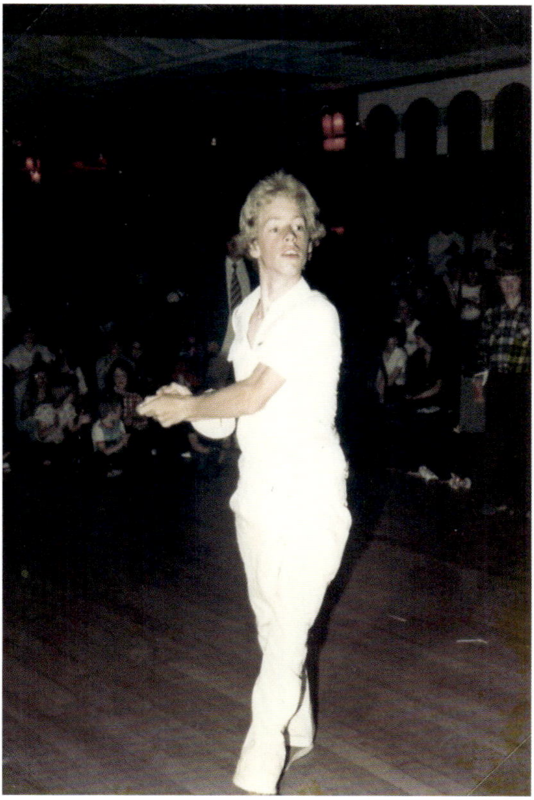

Oben: Peter Lovatt mit 9 Jahren, eingekleidet für das jährliche Country-Dancing-Festival im Gorhambury House bei St. Albans, Hertfordshire.

Links: Peter Lovatt mit 14 Jahren mitten in einer Drehung bei einem Discotanz-Wettbewerb ... den er gewann.

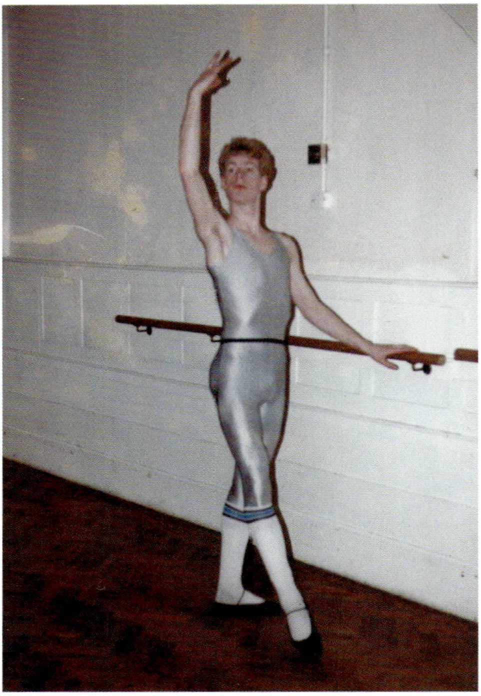

Links: Peter Lovatt beim Proben in einem silbernen Catsuit in seinem ersten Jahr an der Guildford School of Acting 1983, S. 21–23.

Unten: Peter Lovatt (ganz rechts) an Bord des Kreuzfahrtschiffes *MV Oceanos*, S. 23–25.

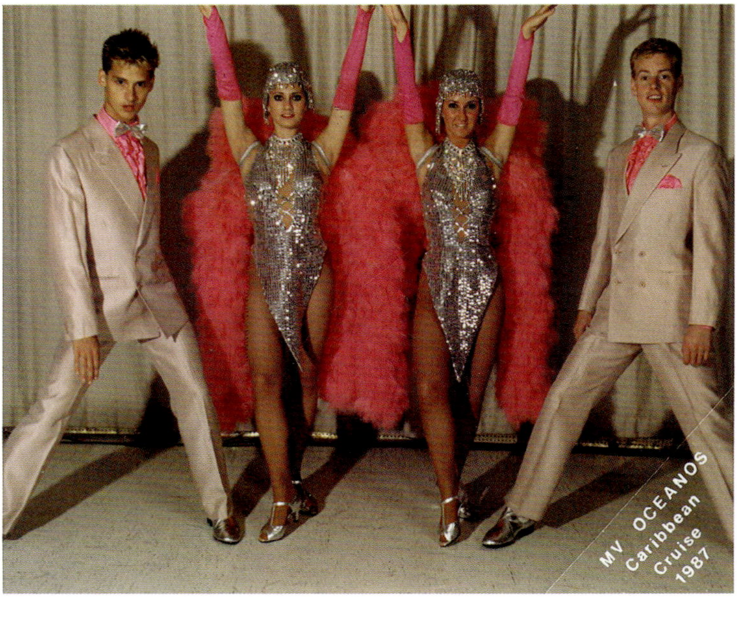

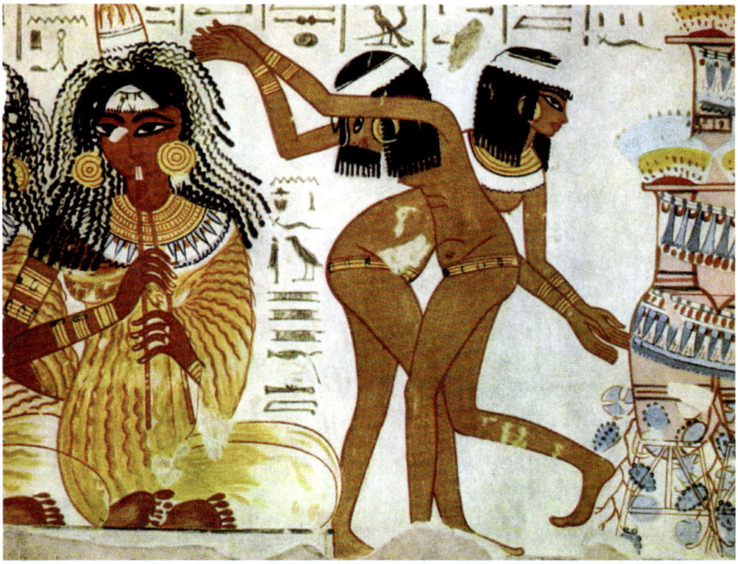

Oben: Die Menschen tanzen seit Jahrtausenden. Diese Tänzerinnen befinden sich auf einer Wandmalerei in der Grabkammer des Nebamun in Ägypten, um 1350 v. Chr., S. 46.

Unten: „Wonderfully subversive“ (Wunderbar subversiv) – der *Dr. Dance* Flashmob in Leeds 2012, für eine Sendung auf Channel 4, S. 59–60.

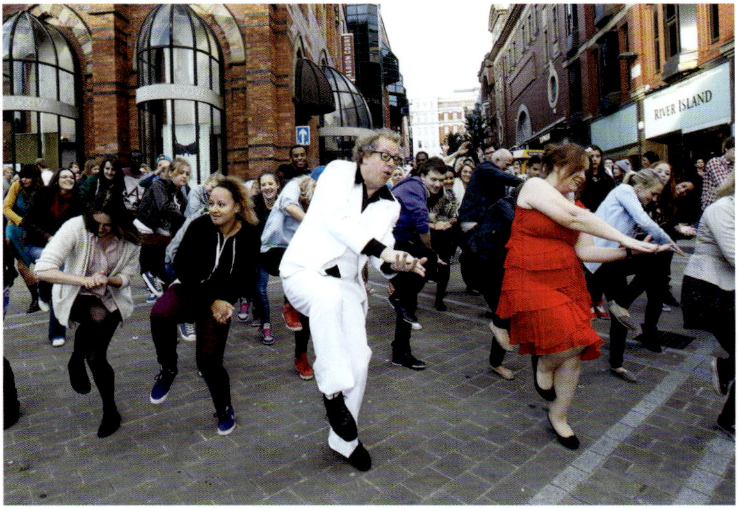

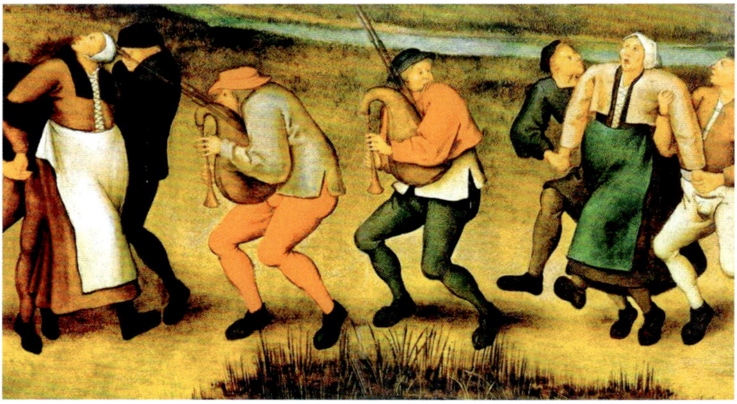

Oben: Es gibt zahlreiche historische Erzählungen über Fälle von „Tanzwut". *Tanz bei Meulebeeck* von Pieter Brueghel dem Jüngeren (1564–1638) zeigt einen solchen Ausbruch. Bis zu mehrere Zehntausend Menschen tanzten offenbar über Stunden, Tage, Wochen, ja sogar Monate, S. 66–67.

Unten: Jerome Robbins (mit weißer Schildmütze) inszeniert eine Szene am Drehort von *West Side Story,* 1961, S. 125–126.

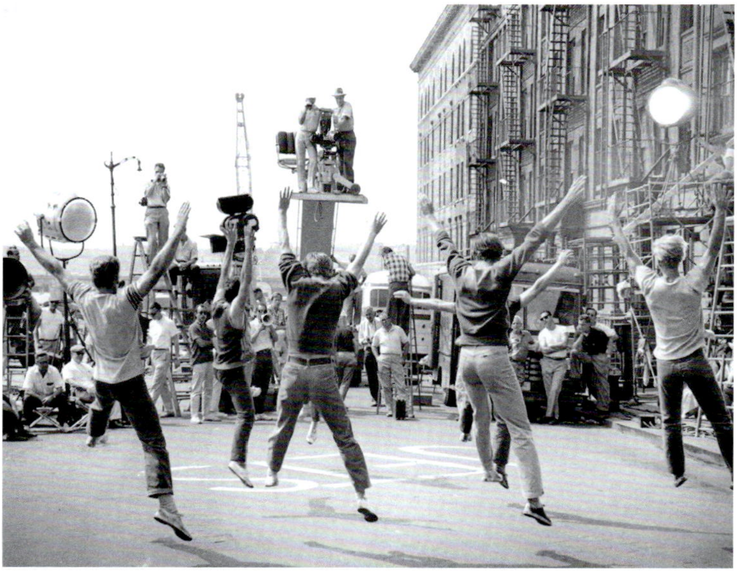

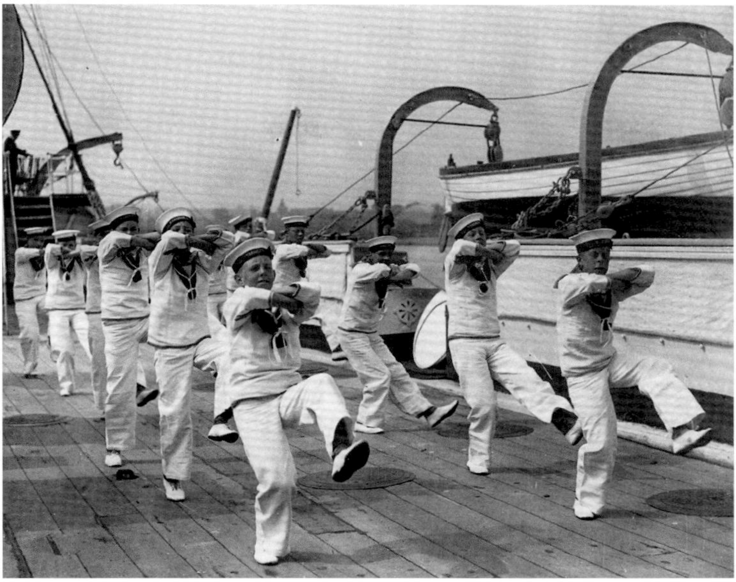

Oben: Britische Marinekadetten tanzen den „Sailor's Hornpipe", 1928, S. 153.

Unten: „Zwischen Korrektheit und Freude, wähle die Freude." Zadie Smith über die Magie des Tanzduos The Nicholas Brothers, S. 175.

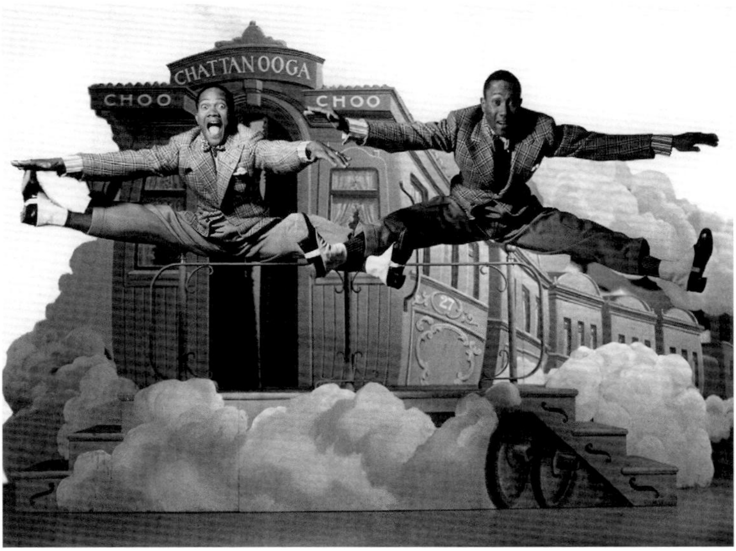